すべての飲食人が知っておきたい

おいしいをつくる思考法

a way of thinking
that creates deliciousness

「sio」オーナーシェフ

鳥羽周作

柴田書店

はじめに

この本を手に取ってくださった皆さんは、
何のために飲食の仕事をしていますか?
何のために料理をしていますか?
いや、極論、飲食業じゃなくてもいい。
あなたは今の仕事を何のためにやっていますか?

何のためにその仕事をやるのか、
突き詰めて考えることって僕はとても大事なことだと思っていて。

でも、僕自身の過去をふり返ってみてもそうだったけど、
何のためにその仕事をやっているか、正々堂々と答えられない人のほうが
世の中多いんじゃないかな、と最近そう思います。

だけど、目的と手段がはっきりと明確化されているのといないのとでは、
自分のモチベーションも、まわりの人の納得感も、
成功の確度の高さも全然異なります。

この本では、読者の方が、
「食」を通じて自分がやりたいことは何なのか。
それを実現するためにはまず、何をすべきか。
それを自力で見つけるためのヒントを示すことができれば、と考えています。

見つけた目的は、きっと人それぞれ。

でも、「おいしい」をつくることは料理人なら必達事項。

つまり、目的は違っても、手段は皆、同じなんです。

おいしい料理をつくるしかない。

それなら、おいしさのつくり方をまずは知っておいた方がいいですよね。

そんな思いで、僕が普段大切にしている料理の考え方や、

素材との向き合い方にはじまり、

店のつくり方、チームのつくり方、お金の考え方に至るまで、

この仕事に必要なすべてを1冊にまとめました。

この本を読んでくださった皆さんが、

料理をすること、仕事をすることの手段と目的を自覚して、

最終的にやりたいことが実現できるようになる、

そのお手伝いをできたら僕はとても嬉しいです。

まあ、そうでなくても。

おいしいをつくるためのヒントが、

いろんな角度から得られると思います。

ぜひ、自分の目的を達成するための手段の一環として、

この本をご活用ください。

Contents | 目次

目次

Chapter-4

世界観 をつくる

Chapter-5

チーム をつくる

Chapter-6

ファン をつくる

Chapter-7

数字 をつくる

取材協力／sio株式会社、シズる株式会社
撮影／天方晴子
イラスト／越井 隆
デザイン／青木宏之 (Mag)
平面図制作／株式会社オセロ
DTP／株式会社明昌堂
編集／佐藤友紀

Chapter-1

料理 をつくる

おいしいって、
どうやってつくる？

あらゆる食材に対して、
どうやってアプローチする？

そのロジックとポイントを
解説していく。

「おいしい」をつくる方程式

僕たち料理人は、「おいしい」をつくることを得意としています。おいしさをつくることで、お客さまからお金をいただいて、職業として成立させることができています。

でも、このおいしいって、どういうものでしょうか。人それぞれ感じ方は違うのに、おいしい、といった時、ある程度万人に共通するストライクゾーンのようなものは存在する気がします。万人がおいしいといえるもの、それってどういうものだろうか。僕はそれを紐解くヒントを、数学の「因数分解」に求めました。要は、おいしいを形づくるさまざまな要素を、最小単位まで分解して考えてみるということです。

おいしさは、分解すると以下の4つの要素によって構成されると考えています。

1つは「味（五味）」、2つ目はここに香りやコク、深みなどが加わった「風味」。3つ目がここに歯ごたえや舌ざわり、盛り付けや噛んだ時の音など味覚以外で感じられる要素が加わった「食味」、4つ目がその日の天候や健康状態、心理状態などが加わった「環境要因」。

この4つの要素で人はおいしさを感じているんじゃないか、僕はそう考えています。

仮に味、風味、食味がパーフェクトであっても、暑い炎天下の中、クーラーの効かない環境で汗をかきながらする食事では、そのおいしさを感じにくいのと同様に、これらの4つの要素はどれか1つが欠けているとおいしいに辿り着けない。4つの要素が満たされて初めて、おいしいと思えるものだと思います。

もちろん、人によっておいしさに違いはあるけれど、どんな人にとってのおいしさも、この4要素に分けられるのではないでしょうか？　そんな、誰にとっても当てはまる、一般化できる概念を公式、方程式と呼びますよね。

「おいしいは味、風味、食味、環境の4つの要素でできている」

これを誰にでも当てはまる公式とするならば、他にもおいしさにまつわるいろんな公式、方程式をつくることができるんじゃないでしょうか。

「これをこうすればおいしいがつくれる」

そんな方程式があれば、僕らはもっと最短距離で、おいしさに辿り着けるはず。

僕は、普段自分の店で料理をつくる中で、こういった「おいしさをつくるロジックや方程式」と呼べるものをいくつも生み出してきた自覚があります。そしてそれらのロジックに従って普段の料理はもちろん、外食企業とのコラボレー

「おいしい」とは

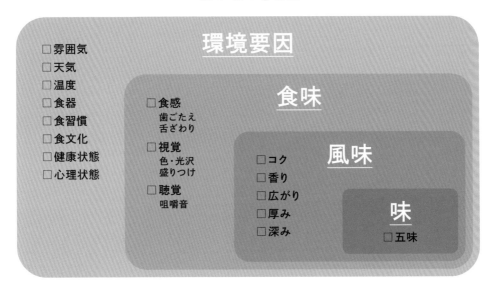

ション、食品メーカーの商品開発といった仕事などをするようになってからは、お客さまからの評価や、企業案件の成功といった形で、ロジックが間違いではない、という裏付けも得られるようになってきました。

この章では、そうやって僕が経験の中で見出し、磨き、実践してきたロジックをいくつか皆さんに向けて開示します。これらを習得すれば、誰でも料理をするうえで、呼吸をするように「おいしい」に辿り着けるようになっちゃうかもしれない（笑）。ここで紹介するロジックは、僕が毎日働く中で、試行錯誤を重ねて辿り着き、

やがて確信を得るまでに至ったロジックばかり。これを知っておけば、同じようにおいしいに辿り着けなくて悩む人が少しは減るんじゃないでしょうか。そんな風に、思考のショートカットに使ってもらえたら嬉しいです。

最初はここで示したロジックをただ真似てみる、でもいいでしょうし、違和感を覚えるようなら自分なりの代替ロジックを考えてみる、でもいいでしょう。そうやってどんどん、おいしいの方程式をブラッシュアップしていけたらいいなと思っています。

ロジック 01 ｜ 五味＋1

スパイス

香り

パッパッ シャキ シャキ ふわ ふわ 食感

酸味

甘味

苦味

うま味

塩味

　僕が料理を考える際に、大事にしている味のつくり方のロジックについてお話しします。それは「五味＋1」という考え方です。五味というのは皆さんもご存知の通り、「甘味、塩味、酸味、苦味、うま味」の5つの味（＊1）のことを指します。そして、「＋1」というのが僕らオリジナルの概念で、食感や香り、辛味など、味と異なるプラスαの要素のことを指します（＊2）。「この5つの味と＋1の要素が揃うと、料理に奥行きが生まれ、おいしさがつくれる」というのが僕の考えです。もちろん、人によっておいしさの好みはありますが、先述の通り、大多数の人が食べて好ましいと感じる感覚には一定のストライクゾーンが存在するように思います。五味＋1の概念を体現すれば、このストライクゾーンに入るクオリティが比較的簡単につくり出せるということです。僕がこのロジックに気づいたのは、「sio」をオープンして1年近く経っ

*1 第六の味として、近年「脂肪味」の存在も主張されている

*2 辛味には「味」と名がつくが、これは味ではなく刺激で、味覚ではなく痛覚が反応するため、五味には数えられない

た頃。集客は軌道に乗っていたけれど、順調であるがゆえに、料理人としての表現や技術が、階段の途中の踊り場にあるような感覚があったんです。そこで、なんとか自分の殻を破れないか、とこれまで挑戦してこなかった料理表現を試してみるようになりました。

その時生まれたのが、サワラのローストにグリーンカレーのソースを流し、付合せにタケノコと、ピーマンのソテーを添えた前菜です。サワラのポワレの上には、ふき味噌とピスタチオのローストをのせています。

これだけ聞くと、非常に複雑で難解、味の想像がつきづらいかと思います。人によっては「そんなのおいしいの?」と疑問を抱くかもしれません。でもこれ、そのシーズンにお出ししたコース料理の何よりも評判がよかったんです。この料理には、サワラやタケノコのうま味や塩味、グリーンカレーの甘味、酸味、そして辛味、ピーマンやふき味噌の苦味といった要素が入っています。僕は「アレ? こういうこと?!」と気づいてしまいました(笑)。

この次に、鮭のちゃんちゃん焼きをイメージした、これまた複雑な料理をつくったのですが、こちらも大好評。複雑だけど、人気が出たこれらの料理の特徴を集約してみると五味がすべて料理の中にあり、さらにそこに特徴的な辛味や、香りといったプラスαの部分がある。

特徴を整理して言語化してみると、「五味+1」という言葉で表現できたんです。

ただ、どんな料理も五味+1でなくてはいけないかというと、そうではありません。味に奥行きがあり、複雑さが出るだけに、このロジックに基づいた料理ばかりを1度に食べると情報量が多くて疲れてしまうという側面もあります。このロジックに基づいた料理はいわば4番バッター。コース料理でいうと、3~4皿目で1~2品出てくるぐらいがちょうどいい、というのが僕の考えです。

ちなみに、五味+1を料理に落とし込もうとした時に、無理に1皿に収める必要もないと考えています。これらの要素を感じるのは口の中です。つまり、口の中でこれらが出揃っていれば問題がないということ。こう考えれば、うま味と塩味が際立ったフライドポテトに対して、甘味や酸味、渋い苦味のあるワインやビールを合わせるだけで五味は出揃いますし、そこに足りない香りや食感などの要素を何か加えれば、五味+1を体現することができます。

料理に奥行き、深みを出しておいしく仕上げたい時に、知っておくととても便利な考え方です。

うま味のリュックサック

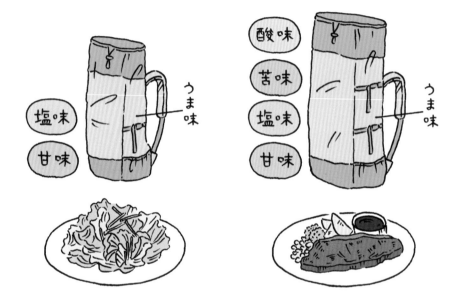

味覚について、もう少し掘り下げてみましょう。僕は１つの料理に詰め込める味の量には限度があると思っています。当然のごとく、しょっぱすぎたり、苦すぎたりする料理は好まれません。これらの閾値を決めるのは、その料理に含まれる「うま味」の量だと僕は考えます。

その料理におけるうま味が多ければ、それに従って甘味や酸味、塩味といった他の味の量も増やすことができ、またおいしくなっていく。

逆にうま味の絶対量が少ない料理に対しては、塩味や甘味といった他の味を加え過ぎると、これらが突出して感じやすくなり、トゲのある料理になっていく。

うま味というリュックサックがあって、この大きさによって他の味をどの程度詰め込むことができるかが決まってくる。リュックサックの大きさを超える量の荷物は詰め込めないのと同じように、うま味の量が他の味の許容量を決める、

というように思います。

そして、塩味と酸味はここに、輪郭を与える存在だと考えます。要は、リュックサックの大きさをうま味が、形を塩味と酸味が決めるようなイメージです。だからこの2つの味がうま味の量を超えてしまうと、途端にバランスを欠いた形になります。でも、甘味はこの塩味と酸味のカドを取ってくれる存在。塩や酸味が突出しても、砂糖を加えると途端に丸くなったりする。たとえば、甘じょっぱさが特徴の、すき焼きや牛丼の味を想像してみてください。もし肉や醤油の持つ濃厚なうま味がなかったら、塩味と甘味が突出した、かなりバランスの悪い味の料理になっていたと思います。強い甘味や塩味を下支えする味として、うま味が暗躍する構造になっているのではないでしょうか。

そして、ここから砂糖を抜いた味を想像してみてください。しょっぱさがかなり際立つと思いませんか。砂糖が醤油のカドを取ってくれることで、バランスのいい味の形になるんです。

この構造に気がついてからは、新しい料理を考えるのがとても楽になりました。たとえば、僕たちは奈良に「㐂つね」というすき焼きレストランを展開しているのですが、この店にはすき焼きちらしという看板メニューがあります。

これはちらし寿司に、すき焼きの要素を組み合わせた品ですが、それ以上の構成要素になっていて、味もとても複雑なんです。具体的に説明をすると、牛肉の他に、ほうじ茶の香りを移した酢飯、割下でくたくたに煮込んだタマネギ、レンコン、数の子、かまぼこ、コリアンダー風味のマヨネーズ、角切りレタスやトレビス、フライドオニオン、イクラ……とまぁ、他にもいろいろ、実に20種類の要素が入っています。これだけの食材、味、食感が集まると、とっ散らかりそうなものですが、牛肉や割下のうま味があることで、全体に一体感が出るのだから不思議です。逆にいえば、すき焼きや牛丼のようにうま味がしっかりとある料理には、甘味や塩味だけでなく、他の要素ものせていったほうが、奥行きが生まれて、食べ飽きる感覚が出にくくなるのではないでしょうか。

うま味のリュックサックのロジックを踏まえれば、苦手な人が多い苦味や酸味の強い食材でも、うま味の多い食材と一緒なら受け入れられやすくなる。だからこそ、㐂つねのすき焼きちらしには、トレビスのように好き嫌いが分かれる、苦味が突出した食材も入れることができるわけです。料理の味を形づくる際には、ぜひこのロジックを思い浮かべてみてください。

サウナ理論

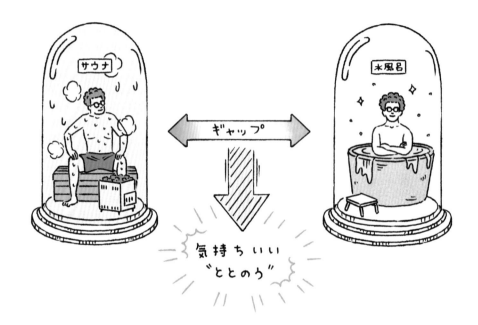

おいしさのつくり方の1つとして、理解しやすいロジックがあります。それがわれわれの言葉でいうところの「サウナ理論」。

サウナのよさは、むせ返るような熱さの中にしばらく身を置くことで得られる、その後の冷たい水風呂の心地よさにあると考えています。これがもし、長時間サウナに入って、そのまま水風呂に入ることも、涼むこともできなければ、心地よくはなれませんし、逆にサウナに入らず

に水風呂に浸かるだけでは、気持ちいいわけがありません。要は熱さと冷たさのギャップが心地よさをつくり出しているのです。

同じことは料理にもいえると考えていて、たとえば、甘味と酸味はベクトルの違う味なので、同時に味わうと心地よいおいしさが創造できます。ショートケーキはまさにその甘味と酸味をうまく層にして重ね合わせた一品ですよね。ク

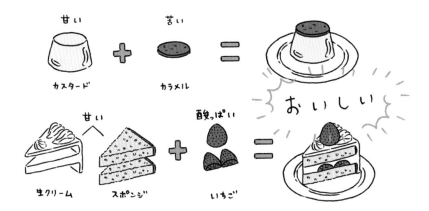

甘い　カスタード　＋　苦い　カラメル　＝

甘い　生クリーム　スポンジ　＋　酸っぱい　いちご　＝　おいしい

リームやスポンジの甘味と、イチゴの酸味が合わさるからこそおいしさを感じられる。仮にクリームもスポンジもイチゴも甘ったるいだけだったら、きっと皆さんがショートケーキに抱く印象は変わるはずです。

プリンにも同じロジックが当てはめられることがわかると思います。酸味と同様に、苦味も甘味とは異なるベクトルにある味です。甘いカスタード部分と、ほろ苦いカラメル部分が組み合わさることで、おいしさが生まれているわけです。この理論を頭に入れておけば、料理をつくるうえで、食材をいかに組み合わせるか、考えやすくなるはずです。

ちなみに、この理論はショートケーキやプリンのように、必ずしも1皿の中で完結させる必要もありません。甘味の突出したお菓子に対して、苦味の際立ったコーヒーを合わせるのはまさにサウナ理論を体現していますし、料理に対して

正反対の味わいのワインを合わせるペアリングなんかも、このロジックを当てはめることができるはずです。

また、この理論は、唐揚げ×レモンのような食材の鉄板の組合せにも応用できることに気がつくと思います。これは「油脂の強い食材」×「油脂とは正反対の印象の清涼感と酸味」の組合せが後味の心地よさをつくっているといえるでしょう。また、温かいフォンダンショコラにバニラのアイスクリームを添えるデザートの定番の組合せに関しては、「温かさ」×「冷たさ」が口の中で渾然一体となることで心地よさをつくっているといえます。

必ずしも「味」×「味」の組合せだけが、「ギャップによるおいしさ」をつくるわけではないということです。ベクトルの異なる要素は時として、組み合わせることでそのギャップによって単体では出せないおいしさを生むことがあるのです。

ロジック
04

おいしさよりも、気持ちよさ

突然ですが、僕はニューバランスのスニーカー
が大好きです。公私を問わず、毎日履いていま
すが、その理由は「気持ちいいから」。見た目
の格好よさはもちろんですが、歩きやすくて履
き心地がよく、足が疲れにくい。これらの感覚
をひっくるめて、言語化するとなると「気持ち
いい」という言葉がぴったりです。

僕がレストランという空間において、最重要視
しているのがこの気持ちいいという感覚です。

おいしさはもちろん重要ではありますが、その
上位の価値観として、気持ちよさがあると考え
ているのです。

おいしさというのは、極めて主観的で、かつ五
感のうちの味覚のみで感じるものであり、いわ
ば一部を「切り取った」感覚といえます。ただ、
気持ちよさは味覚に限った話ではありません。
その時の視覚、聴覚、嗅覚、触覚、五感のすべ
てで感知できる感覚です。

たとえば、単に「おいしい水」は味覚で感じるよさといえますが、「熱い日にキンキンに冷えた冷水を飲む」となれば、おいしさと同時に気持ちよさ、心地よさも感じるのではないでしょうか。気持ちよさとはつまり、口にしない（食さない）部分の「よさ」といい換えられるかもしれません。

これからの時代、お客さまから選ばれるレストラン、飲食店にしていくには、料理の味を磨くだけではなく、店のインテリアや設え、香り、温度や湿度、店での接客や来店前後のフォローなどトータルで気にしていかないといけないと思います。お客さまは、レストランに対して料理の味はもちろんのこと、トータルでその店で得られる体験価値を求めている。

気持ちよさを追求することは、この顧客体験価値を高めることにつながると考えています。

気持ちよさをつくるのは、予約を取る際の電話対応のスマートさやウェブシステムの快適さかもしれないし、店の照明の明るさや室温かもしれない。テーブルの手ざわりのよさ、椅子の高さ、おしぼりの柔らかさ、あるいは料理のポーション、食後感かもしれません。

飲食店というのは、ただ料理を出すだけの場所ではないということをわれわれ店側が自覚しないといけないと思うのです。来店前、来店中、来店後とあらゆるところにお客さまとの接点はあり、その一つひとつで、お客さまは敏感にさまざまなことを感知するのです。これら口にしない（食さない）部分でも、好印象を持っていただくことは、店にとっても、お客さまにとっても、よいことではないでしょうか？

たとえば、街場のラーメン店。お世辞にも店内は綺麗とはいえず、厨房の熱気が客席にもだだ漏れで蒸し暑く、そのうえ席間隔が狭くて隣のお客と肩がぶつかる。さらには店主が頑固おやじで、へそを曲げてしまわないようにお客側が気を遣う。だけど味だけは絶品。

こんなお店があったとしたら、確かに味はおいしいかもしれませんが、気持ちよくはないはずです。ここでの「おいしい」は、このラーメン店での体験の一部の切り取りに過ぎません。顧客体験価値の観点からいえば、せっかく味がおいしくても、その評価はこの店の一部に過ぎず、トータルで見たらお客さまからの評価は下がってしまうリスクが大いにあるわけです。

おいしいの先にある気持ちよさを、いかに多角的につくっていくことができるか。「おいしいが当たり前」になった現代の飲食店の課題は、そこにあるのではないでしょうか。

05 山頂で食べるカップラーメン

皆さんが登山をするとして、山頂で食べたいものは何ですか？

時に汗を垂らしながら、時に夜間の寒さに震えながら、高い山に歩みを止めずに挑み続け、山頂まで辿り着いた暁に食べるものとして、僕はカップラーメンが一番おいしいんじゃないかと思っています。気温の低い山頂で、手っ取り早く温かさや塩分を補給できるカップラーメンは、登山の最高の相棒です。逆に、毎日寝起きする自分の部屋で、惰性でカップラーメンをすすってみたって、それは特別なおいしさを感じる体験にはならないですよね。

何がいいたいかというと、「シチュエーションと、料理への評価は密接に結びついている」ということです。

たとえば、真夏日に暑い中駅から歩いてお店に来てくださったお客さまに、席に着く前にキンキンに冷えた水をまず1杯差し出す。

たとえば、庭がある店なら、そこに席をつくって、寒い冬には庭でまず熱々のおだしを提供してから中に入ってもらう。

いずれも、いってしまえば「ただの水」や「ただのおだし」ですが、それが然るべきシチュエーションで、然るべきタイミングで提供されたらグッと来てしまうものです。

こうしたシチュエーションは、何も外の気温や天候だけがつくるものではありません。

店の立地や内装によって、いくらでも「おいしさを感じてもらいやすいシチュエーション」はつくれるのです。

ケース①オープンキッチンの劇場型レストラン

カウンター越しに大きな肉を塊で焼き上げ、客席に見えるように切り分けて一人ひとりに提供する。こうした演出は、ライブ感やグルーヴ感が生まれて印象的な一品になるはずです。

ケース②高級鮨店のカウンター席

凛とした職人たちがキビキビと仕事をしている姿を前に、一定の緊張感に包まれながら、職人から手渡しされた鮨を食べる。より口内に神経が行き渡り、集中して食べてもらえるはずです。あくまで例ですが、同じ肉でも、「ただ切り分けた肉を食べる」のか、「劇場型レストランのフルオープンキッチンを前に肉を切り分けても

らい、食べる」のかによって、感じ方が異なるのはおわかりいただけるかと思います。

このように、シチュエーションからそこに見合う料理を発想する際に大事になるのが、「必然性」です。提供する料理に、必然性はあるか。その店、そのシチュエーションで提供することに必然性を感じてもらえるか。この点を自問することで、自ずとシチュエーションに見合ったおいしさの表現ができるようになるはずです。

僕らが東京・丸の内の商業施設内に開いた「o/sio」というイタリアンレストランは、立地とカジュアルな内装も相まって、近隣で働く人たちが同僚と仕事帰りに立ち寄ったり、気心の知れた友人同士が集まって、ワイワイ盛り上がったりする場になっています。店での目的は「話がメインで料理は二の次、三の次」。そんな店で、複雑でクリエイティブな料理を出しても、お客さまには響かないし、ナンセンスですよね。だからこの店では、あえて炭焼きの肉やミートソースパスタなどの、シンプルでわかりやすい料理ばかりをラインアップしている。情報量が少なくて、喋りながら片手間に食べて「おいしい」と感じてもらえるダイレクト感。

シチュエーションから、一番求められるであろうおいしさを提供することが重要だということです。

ロジック

06

盛りつけは目的じゃなく手段

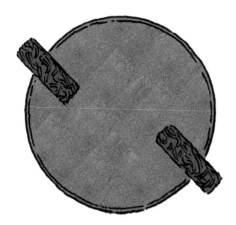

僕は、料理のビジュアルは「食べ手にどんな印象を与えたいか」ということを表現する1つの手段だと考えています。この前提のもと、僕なりの盛りつけメソッドを以下に紹介します。

①余白をデザインする──これは、皿に対して料理をどれくらいのボリュームで盛って、どれくらいの余白を空けるか、を1品ごとに計算するということです。もっというと、俯瞰でその皿を見た時に、どう見えるかということを気にしながら盛っています。

たとえば、広い綺麗なリムのある器には、器の真ん中にコンパクトに料理を盛ったほうが映えるだろうし、小さなフィンガーフードを提供す

るなら、あえて皿の輪郭からはみ出させてのせて、贅沢に余白をつくりつつ、手に取りやすい仕掛けとする。余白が見映えのよさをつくることもあるし、後者のように機能性を兼ねる場合もあるわけです。

②色の数を絞る──僕らの料理はほぼ1色だけでつくる料理と、2～3色でつくる料理、それ以上の色数が重なるカラフルな料理の3パターンが存在します。どの店も結果としてそうなっているかもしれませんが、僕はこれを意識的に分けて料理をコーディネイトしています。たとえばビーツの鮮烈な赤い色味を活かした料理をつくりたいとなれば、極力赤い色の食材しか使

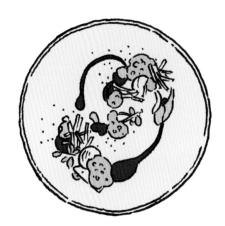 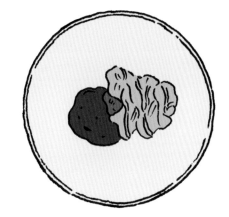

わず、1色で1皿をまとめてみたり、さわやか
な印象の野菜料理をつくりたいとなれば、野菜
のグリーンに対して、白い泡のソースなどを足
して2色で構成してみたり。そしてコースでは
意識的にこれらをバランスよく織り交ぜて提供
しています。ずっと1色だけの料理が続けば視
覚的にも味覚的にも飽きるし、逆に色数の多い
料理が続けば目も舌も疲れていきます。

③**あえて見た目を悪くする**——味に特に自信の
ある料理、万人が好むであろう味ができた時に
は、あえて乱雑な盛りつけに挑戦することもあ
ります。「わざと見た目を悪くする」というこ
とです。これは、おいしさに絶対の自信がある

からこそ、1度ビジュアルでストレスを与えて
期待値を下げることで、その後の料理を口に運
んだ際の感動をより大きなものにするという演
出の一環なんです。要はあえて高低差をつくっ
ているということです。

④**主食材を隠す**——主食材を他の素材であえて
隠して提供するという手法もしばしば採りま
す。これは隠れているものへの期待値をあおっ
たり、隠しているものをめくりたいという欲求
をかき立てたりする狙いがあります。ビジュア
ルで期待値を下げにいく③と逆の手法ですが、
いずれもその先においしさがなければ逆効果で
しかないという点では同じかもしれません。

ロジック 07 | おにぎりの因数分解

冒頭でも触れたように、何かをつくる時には、要素を最小単位まで分解して、それらをいかにして組み合わせていくかを考えていく、因数分解のような方法を僕は採ります。

冒頭ではおいしい、という感覚を因数分解してみましたが、ここでは実際の料理を題材に分解してみましょう。まずは日本人のソウルフードの1つ、おにぎり。おにぎりを分解した時に、まずは「海苔」「お米」「具材」、大体この3要素に分けられるように思います。

これらの内訳をさらに見てみると、そもそも海苔に包まれていないおにぎりもありますから、海苔のありなし、そしてある場合は味のありなし、といったところまで分解することができます。次いでお米。何も味をつけていない通常のごはんの場合、塩をしたごはんや炊き込みごはんの場合、といったところまで分けられます。

そして具材。これはいってしまえばバリエー

ションは無限ですが、ここでは単純化して語るために、風味や存在感（味や食感のインパクト）の濃淡という2種類に分けてみます。

この最小単位まで分解した要素を、いかにして組み合わせていくか。おにぎりはこれらの組合せがおいしさを左右するハンドルを握っているといえるのです。

では、これらの要素を組合せてみましょう。まずおにぎりを数字に置き換えて考えます。おにぎり1つの完成度をパーセンテージで表現するとします。こうなると、お米、海苔、具材をそれぞれ何％ずつにして、合計100％にするのか。無限に見えた組合せも、要素を分解して単純化していくと、「3つの要素で合計100％をめざす足し算」として、かなりシンプルに考えられるようになります。具体例を出してみます。塩をしたごはんと味付き海苔を用意したら、それぞれ30％ずつくらいの完成度は出せるはず。そうしたら、残る40％を具材で埋めればいいわけですが、あまりに味が濃くなってしまうと、すべてが主張して100％を超えてしまうかもしれません。であれば淡い味の具材を選択して、40％におさめる。そうすればトータルバランスのとれた、100％のおにぎりができ上がるのではないでしょうか。

逆に、味なしのごはんで、海苔も付けない、となると、せいぜいごはんで20％、海苔は0％。具材で80％の完成度をめざさなくてはいけません。具材のインパクトだけで80％をめざすとなると、単なる梅干しやたらこといったアイテムでは戦えない。コンビニおにぎりにあるような、牛焼肉や豚の角煮のように、味の濃い、パンチの効いたアイテムを入れていかなくてはいけません。

こんなふうにして、「いかにしてトータル100％をめざすか」ということを、おにぎりという単純化しやすい料理でやってみるわけです。ご自身の中で、いろんなパターンの100％のおにぎりができ上がっていくんじゃないでしょうか。ごはんで80％、海苔で5％、具材で15％、という100％でもいいわけです。これはおにぎりを例に取ったわけですが、他の料理に置き換えても同じことがいえると思いませんか？　料理って実際は、これらの分解と組合せの判断を、料理人たちが無意識の下、毎分毎秒やっているんです。

その料理を形づくる要素を最小単位まで分解して、それらをいかにして組み合わせていくか。この分解と組合せの作業が、おいしさをつくる第一歩のような気がしています。

どこでロジックが培われるか？

ここまでで紹介した7つのロジックは、いずれも僕自身の経験から、おいしさや、レストランにおける付加価値をつくるうえで欠かせないと思われる要素を言語化したものです。

冒頭でも述べたように、僕自身の感覚に依拠する部分は多々あるかもしれませんが、ただこのノウハウを活かしてコンサルティングなどをする中で、異なる環境でも大きな成果を挙げてきた経緯があるからこそ、こうして自信を持って言葉でシェアすることができています。

これらのロジックは、いわばおいしいに最短距離で辿り着くための方程式ともいえるでしょう。方程式を知っておけば、煩雑な計算がショートカットできるように、これらのロジックを知っておくことによって、たとえば店をつくる時、料理を考える時、思考をショートカットできるかもしれません。あるいは、料理の失敗作やそれに伴う食材のロスを出すことなくおいしさに辿り着くことができるかもしれません。こうしたおいしいをつくる方程式は、何もここに紹介したものがすべてではなく、誰もが自分自身で生み出せるものです。かくいう僕自身も、自分の店が増えて、他のスタッフに料理を任せなくてはいけない局面になってようやく、自分の中の思考や経験則を言語化する必要性に駆ら

れ、ここで紹介したようにロジック化してきたという経緯があります。それまでは僕だって探り探りで、「これはどうか」「あれはどうか」と試作と思案を重ねてきました。ここではこれら方程式を生み出すための思考法について、お話ししたいと思います。

僕が料理人としての修業をはじめたばかりの頃に、師匠となるシェフから、「口に入れるものが何であっても、すべて集中して食べなさい」といわれたことがありました。これは僕の味覚、そして僕の料理の土台となる言葉だったと思います。

いわれた通りに、それが何であっても、全神経を研ぎ澄ませて料理を食べていました。

自分がつくるもの、シェフがつくる料理はもちろんですが、他のレストラン、フラッと入ったファストフード店、コンビニで買ったお菓子、そのすべてに対してです。

これは「おいしさをじっくりと味わう」という行為とは似て非なることである気がします。

おいしさを味わう、というのはただそのおいしさだけを享受する行為です。でも、集中して食べる、というのは、それ自体がおいしいかおいしくないかはさほど関係なく、どんな味で構成

されていてどんな香りや食感があって、温度は
どの程度で、それは人にどんな印象を与え、過
不足はどこにあるのか、といった具合に、細か
く、一種の批評的観点を持って食べるというこ
とに近いのです。

もう少しスマートないい方をすれば、解像度高
く食する、といえるでしょうか。食事をする際
に、意識的に自分の味覚や触覚、嗅覚の目盛り
を細かくする作業です。

解像度高く食べることができれば、
ハンバーガー1つをとっても、「少ししょっぱ
いけどおいしい」と感じていたところ、
「バンズはふわふわだけど、小麦の香りが少し
薄いな。パティはジューシーで熱々、ソースは
塩辛い、ここに酸味と甘味があればバランスが
取れるのではないだろうか。レタスの食感がし
なしなだから、もう少し鮮度や提供タイミング
に気を遣うべきだろう……」というように、そ
の料理を多角的に、細かい粒度で観察すること
ができ、改善点などが自ずと自分の中で導き出
せるようになっていくことでしょう。

これはあらゆる料理にいえることです。口に入
れるものが何であれ、すべて集中して食べるこ
と。自分なりのおいしいをつくる方程式を導き
出すために、必要不可欠な行為だったんです。

この解像度高く食する、ということは今も自分
の中に習慣として根付いています。たとえばマ
クドナルドさんの「えびフィレオ®」を食べる
時。とてもおいしいんですが、「ここにディル
とタバスコを足して、清涼感とピリッとしたス
パイシーさをプラスすると奥行きが生まれてよ
り完成度が高まるんじゃないか」。そんなこと
を想像しながら食べています。

また、ガストさんの「温玉ミートドリア」を食
べる時。ミートドリアに温玉がのっかった料理
なんですけど、ドリア自体の完成度はとても高
くておいしいんですが、温玉と一緒に食べるこ
とによって、下のドリアの味を薄く感じるよう
になってしまうんですね。「これだったら、ミー
トソースとベシャメルソースの味を少し濃く仕
上げたほうが、温玉とのシナジーが起きやすい
んじゃないだろうか」。こんなふうに考えなが
ら食事をしています。

料理を「おいしい」「おいしくない」という目
盛りの粗い尺度で測るんじゃなくて、どうした
らよりおいしくなるだろうか。何が足りなくて、
何が多すぎるんだろうか。他の食材や料理に対
しても同じことがいえるだろうか。そんなふう
にいろいろ考えながら食べてみてください。きっ
と自分なりの方程式が見えてくるはずです。

ロジックを実際に使ってみよう

ここではロジックの活用例を示すために、ご紹介したロジックを実際の料理に当てはめて考えてみたいと思います。とはいっても、単に「ハンバーグ」「カレーライス」といってもつくる人によって味は千差万別になりますから、僕が想像する味の構成が、読者の皆さんの想像する味と同じになるとは限りません。

だからここは、僕が大好きで、かつ、おそらく皆さんも食べ慣れていて「ああ、あの味ね！」と共通認識を抱いていただけるであろう、チェーン店の商品を参考にさせていただこうかと思います（＊）。

まずは、この前のページでもご紹介したマクドナルドさんのバーガー。

「ダブルチーズバーガー」という人気の商品がありますね。僕は「ピクルス多め」というアレンジオーダーをして、「バーベキューソース」を追加注文します。これは「五味＋１」を応用したオーダー。通常のダブルチーズバーガーからは塩味とうま味がしっかりと感じられます。ここにたっぷりのピクルスを足すことで尖った酸味とほのかな苦味、口の中に広がるさわやかな風味をプラスします。そこにバーベキューソースで甘味とほのかな酸味、コクを足す。五味が揃い、加えてピクルスの食感やバーベキューソースのコクが、全体に奥行きを与えます。

もう１例。サムライマック®シリーズの「炙り醤油風 ダブル肉厚ビーフ」という商品があり

＊ メニューは 2023 年3月時点のもの

ます。香ばしく焼き上げられたビーフとチェダーチーズにスライスオニオンをトッピングし、ニンニクの効いた香ばしい炙り醤油風のソースを合わせてバンズでサンドしたバーガー。これも塩味とうま味がガツンと効いていて、単体で食べるとかなり濃厚な印象です。

ここに、リンゴジャムを間に挟んで食べてみると印象が変わります。これは「うま味のリュックサック」で紹介した味の関係性を意識したアレンジなんです。要は、リンゴジャムの甘味を足すことで、ガツンと強いうま味と塩味のカドを取り、全体的に丸い印象の味を表現した、ということです。

もう 1 つ、このロジックを応用したアレンジをご紹介します。牛丼チェーン、松屋さんの「ブラウンソースエッグハンバーグ定食」というメニューがあります。これをテイクアウト購入します。これは欧風ソースと目玉焼きがのったハンバーグと、白ごはん、サラダがセットになったもの。通常ごはん、ハンバーグ、サラダをそれぞれで交互に食べ進めていくわけですが、僕はサラダをフレンチドレッシングで和えた後、ごはんの上にまんべんなくのせて、その上からハンバーグとソース、目玉焼きをのせてロコモコ丼のように仕上げたアレンジレシピを SNS 上で提案したことがありました。

これは単体で食べると尖った酸味を感じるフレンチドレッシング風味の野菜を、濃厚なうま味を持つハンバーグソースの味で受け止め、かつソースの甘じょっぱさでカドを取っている、という構成です。

もちろん、これらは原作がとてつもなくおいしくて、クオリティが高いからこそ、アレンジしてもうまくいくということの好例でもあります。

こうやって考えていくと、これらのロジックが頭に入っていれば、新しく「おいしさをつくる」って、意外と簡単そうに思えませんか？

実際にそうで、僕は今、新しい料理をつくる際に手を動かしたり食材を使ったりと試作をしなくても、ある程度頭だけで完結できることが増えています。「A と B を組み合わせて、そこに C の食感があると奥行きが出せそうだな」と考えて、後は実際にその通りにつくってみる。そうすると狙い通りにでき上がります。これは相当な時間、相当な量の料理をつくり、解像度高く味わうということをくり返した経験があるからできることですが、はじめからこれらのロジックを知っていたら、その試行錯誤、トライアンドエラーの時間が少しはショートカットできるのではないでしょうか。

実践：素材と向き合う　肉編

ここからはより具体的に、個々の料理や食材に焦点を当てていきたいと思います。まずは肉料理。調理工程が他の料理と比べて長くなりやすいなどの理由から、最終的なゴールのイメージを最初に固めておくことが特に重要です。

そのゴールにふさわしい肉の種類、カッティング、調味、火入れの手段を選び、いかに組み合わせるかを導き出す。肉にも、鶏なのか豚なのか牛なのか羊なのかという素材の種類があると同時に、フライパンで焼くのか、オーブンで焼くのか、はたまた炭火を使うのか、あるいは鍋でゆでるのか、といった調理法にも種類があります。加えて、塩とコショウだけで仕上げるのか、ソースをつけるなら1種類にするのか、複数にするのか、どんな味のソースにするのか、

などなど。単に肉料理といっても変数がかなり多いわけです。これらの変数を、ゴールイメージを持たずに一つひとつ的確に選択していくのは、とても困難に思えます。何に対してもいえることですが、まず目的を決めることで手段の精度が高まっていくということです。

肉を切ったり、焼いたり、という調理の実行作業自体は、鍛錬で誰でもある程度高いレベルまで持っていくことができます。でも、ゴールの設定そのものは、思考を伴います。

ここでは肉料理を「素材」と「調理法」の大きく2つの観点から分類し、それぞれにおいて見るべき点や、気をつけることなどを僕なりの視点で解説していくことで、ゴール設定のための思考のヒントを示したいと思います。

牛 （ポイント） 部位の特性から厚みを考える

牛肉は、あらゆる肉の中でも、火入れのしやすい素材だと思う。ただ、調理においては「肉の厚み」を気にするべきというのが持論。同じ肉、「焼く」という点に関しては同じであるにも関わらず、焼肉店とステーキハウスという業態が共存し、競合しない理由を考えると見えてくることがある。2つの業態の大きな違いは、焼く肉の厚さ。この1点で、印象がまったく異なる。そして肉の厚みを決めるのは、部位であることが多い。部位によって、味はもちろん、繊維や筋の入り方が異なり、これが食感に影響を及ぼす。そして適切な厚みや加熱方法を左右する。まずはその特性を知って、調理の最適解を考えたい。たとえば、「バラ肉のように柔らかく、サシの入った部位に関しては、塊で調理するとしつこい印象になるため、薄切りで焼いて脂を適度に落としたい」「肩肉のように筋や膜が多く、しっかりとした肉の味がある部位に関してはきざんで焼くよりも塊で煮込んだほうがその特徴が活かせる」という具合だ。

豚 （ポイント） 脂の量と入り方

豚肉の調理は脂との戦いといっても過言ではない。同じ豚肉でも、脂の比較的少ないフィレやロースと、脂の多い肩ロースやバラ肉では、印象がかなり異なる。僕はこの脂の量の違いからふる塩の量を変えている。たとえば、バラ肉はフィレ肉の約1.5倍量の塩をふる。これは2つの理由があって、加熱によって油脂が落ちるのと一緒に、一定量の塩が流出することを想定しているため。そしてもう1つが塩味によって、食べた時に脂にキレを出したいから。

豚肉は牛肉と異なり、脂の入り方が「サシ」ではなく「カブリ」が主になる。肉の中に脂が細かく入り込んでいるのではなく、肉のまわりに被さるように付いている。つまり、1つの部位にまったく性質の異なる2つの肉が付いているようなもの。脂は高温でガンガン焼いても香ばしく仕上がったり、余分な脂が落ちたりする程度で食味に悪影響が出にくいが、肉部分は高温で焼きすぎるとパサつきやすい。この点を理解して火入れをすることを心がけている。

ポイント　皮と肉

鶏肉にあって他の肉にないものはなんといっても皮。皮がある場合は、その香ばしさとパリパリとした食感をいかにして引き出すかに腐心する。ただ、皮を香ばしく仕上げたいからといって高温で焼き上げてしまうと、肝心の肉がパサついてしまう。だから「皮に火を入れる」「肉に火を入れる」という２段階に分けて加熱調理をしていく。

そして、皮が付いていようがいまいが、鶏の肉部分に関しては、ジューシーさをいかにして引き出すかを考える。これは鶏という素材そのものの原価が低く、お客さまからの期待値が低い分、「パサつきやすい鶏肉がこんなにジューシーに仕上がるのか」という驚きと感動を演出する必要があるためである。そのため、できるだけ水分量を保つように加熱していくことに注力する。そこで気にするのは肉の切り方、塩の量とふるタイミング、加熱温度。たとえば肉を細かく切ってしまったり、加熱のかなり前にしっかりめに塩をふってしまったり、高温長時間の火入れをしたりすると肉から水分が流出しやすい。このあたりの変数を「肉の中に水分を留める」ことを第一に考えてコントロールしていく。

羊（仔羊）　ポイント　部位選び

羊は部位によって印象が変わる。羊特有の香リを引き出したいのか、それとも抑えたいのか。もし前者なら濃厚な風味のある肩肉や肩ロース、背肉、後者なら鞍下肉、といった具合に選ぶ部位を変えていく。火入れに関しては、羊は肉の中でももっとも浅めに仕上げることが多い。前提として、寄生虫などの危険性が他の肉と比べかなり低いことがあるが、火が入りすぎた羊の肉はパサつきやすく、また蒸れてにおいがこもり、ネガティブな印象になりやすいため。苦手な人も多い羊特有の風味は、主にその脂によるところが大きく、これを和らげるために脂をしっかりと焼き切る、ハーブの香リを移す、といった手段も場合によっては検討する。

ハト　ポイント　なめらかさと香ばしさ

「sio」ではハトをメインディッシュの選択肢の１つに据えていることが多い。ハトはそんなに多彩な表現力のある肉ではなく、おいしく仕上がる調理の正攻法が決まっていると思う。逆にいえば、気にしなくてはいけない変数が少ない。ハトの魅力は、肉の持つなめらかさと、皮の持つ香ばしさにあると考えている。この２つのコントラストを表現するために、皮目をしっかりと加熱して、肉の面は浅めの火入れに留める。逆にネガティブ面は、特有の血の香リがこもり、ともすると生臭くなりかねない点にある。これは加熱前にしっかりと塩をふることと、皮目や表面に香ばしさを出すことによって打ち消すことが可能だ。

 **塩**　　（ポイント）　ふるタイミング

料理人の中にも肉を焼く時に、「加熱前に塩をふる派」「加熱後に塩をふる派」の２派あるように思う。僕はもっぱら前者の"先塩派"。

先塩だと、焼いてる間に肉に塩が浸透し、噛んだ時に肉汁と塩味が一体となった味を感じることができるというよさがある。一方で、浸透圧によって肉から水分や肉汁が流出しやすくなるという側面もあり、これを嫌って後塩にする、という人も多い。ただ、表裏一体で、後塩にすると肉を噛んだ時に肉自体のうま味よりも先に塩が前面に立ってくる。僕はその肉になじんでいない塩味があまり好みではないため、先塩派。いずれもメリット、デメリットがあり、正解はないが、塩をふるタイミング１つとっても、これだけ考える余地がある。「レシピに書いてあるからこのタイミングで塩コショウをふる」のではなくて、こういう仕上がりにしたいから、このタイミングで塩をふる、という目的意識や明確なゴール設定が重要なんだと思う。

 熱源　　（ポイント）　香りとオペレーション

フライパンを使うのか、オーブンを使うのか、油で揚げるのか、あるいは煮るのか。この食材だからこの熱源、という決まりはない。どれでもいいが、オペレーションの問題と、香りの問題がつきまとう。たとえば、フライパンや鍋で火入れをするとなると、限られたガスの火口のうちの１つが埋まる。加えてソースも同時に加熱したら２つ、付合せがあれば３、４と埋まっていく。この点、オーブンに入れっぱなしでよいとなればその間に火口は空くわけだ。逆に、炭焼き台や薪窯を使うという場合も火口は空くが、オーブンと違って料理人がつきっきりになる必要がある。こうした論点があるため、熱源の選択にはオペレーションの観点が必要になってくる。

香りに関しては、薪、炭、フライパン、オーブン、煮る、ゆでるという順で、熱源由来の香りの存在感が弱まっていく。これを踏まえて、複数の加熱調理を組み合わせてめざす仕上がりに近づけていく、というプロセスを踏むことが多い。

 **焼く**

(ポイント)
外と中という概念

肉を焼く場合、厚さがキーワードになる。厚みのある肉を焼く場合は、薄切り肉を焼く場合と違って「外側」と「内側」という概念が生まれるから。外側は熱源に直接触れるため、火がすぐに入りやすく、一方内側は温度がゆっくりと上がる。この2面性を理解し、それぞれに適した火入れをしていくことが重要になる。これを踏まえると、まず低温調理器や低温のオーブンでゆっくりと肉の中の温度を上げてから、仕上げに表面をフライパンや高温のオーブンで香ばしく焼き上げるというように、2段階、3段階の火入れを施すことが必然的に増える。

 **揚げる**

(ポイント)
外と中という概念
香り

肉を揚げる場合は、唐揚げやとんかつのように衣を付けるパターンが多い。揚げるという調理法の魅力は、肉が衣の中で蒸されてしっとりと仕上がる点と、衣が高温の油にさらされて、香ばしく仕上がる点。外の衣と中の肉のコントラストが表現できる。もう1点、香りという観点がある。衣が揚がった時の香ばしい香りをつけることができ、また衣の中に香りを閉じ込めることもできる。逆にいやなにおいがこもりやすくなるともいえるため、クセのある肉に関しては下処理をきちんとしたり、揚げる時間が長くならないようにしたりと趣向を凝らす必要がある。

 **煮る**

(ポイント)
煮込み時間

何で煮込むか、はもちろん重要な変数だが、選択肢はそう多くない。もっと重要なのは、めざす肉の食感。ホロホロとした柔らかさを狙うのであれば長時間、歯ごたえや、肉のジューシーさを残したいのであれば短時間、という具合に煮込み時間を調整する。また、その時間の長短によって肉への味の浸透具合が変わってくる。長時間煮込むのであればそれを見越した味の濃度にしておく必要がある。

 ゆでる

(ポイント)
他の加熱調理
との組合せ

肉をゆでる場合、その液体は水の場合もあれば、クールブイヨンのようにだしを使う場合もある。なお、肉を直接液体に触れさせず、真空パックにして湯煎にかけるというパターンもある。これは的確に狙った芯温まで引き上げることができるため、有効な手立てである一方、中で蒸れてにおいがこもりやすくなるというデメリットもある。いずれにしても、香りやシズル感が出にくい調理法のため、ゆでた後は焼く、揚げるなど、何かしら香ばしさを足す方向で考えたほうがいいと思う。

＊ その素材に含まれる香気成分が変化したり、外部からの臭気成分が加わったり
することによって生まれる、本来その素材が持つ香りから逸脱した異臭のこと

実践：素材と向き合う　魚介類編

旗艦店「sio」では基本的に、コースの中の前菜と、肉料理の前の魚の皿の２品で、魚介類をメインに使っています。加えて、だしをとるために魚介を使うこともあります。

何に対してもいえることではありますが、魚介類に関しては特に、下処理と保管の仕方が重要だと考えています。仕入れた素材が店に届いた時点で、素材の特徴に応じて何かしらの下処理を施し、適温で保管する。アオリイカであれば皮を３枚むく、二枚貝なら１個１個においをかいで、ネガティブなニュアンスが出ているものがあればはじいておく、といったできる限りの下処理はここでやっておき、冷蔵庫で調理時間まで保管します。

これだけ仕入れ〜調理までの処理工程にナー

バスになるのには理由があります。魚介類は、肉と比べて鮮度が命です。鮮度が少しでも落ちるとオフフレーバー（＊）が出やすくなるためです。このオフフレーバーが出ないように、店に着いた瞬間からできる限りのことをしておくことが重要だと考えているのです。

あとは、魚には産地の影響が出やすいという側面も理解しておくことが重要です。海域によって泳いでいる魚種やプランクトンの種類も異なり、これを餌にする魚たちの味わいが変わってくるのは自然のこと。さらには、魚ごとの産地や旬は環境の変化によって移り変わっているという事実もある。常に今の新鮮な情報を仕入れるように、漁師さんや、料理人仲間と情報交換をするようにしています。

貝類

ポイント
内臓の位置

貝類を調理する際に気にしているのは、内臓を食すのかどうかということ。たとえば、ホタテのように貝柱の外に肝が付いていて、はずして貝柱のみを食べることが多い貝もあれば、アサリやハマグリのように、内臓が身と一体化した貝もある。この違いによって、提供温度を変えている。前者の場合、焼いてもいいし、生でもいいけど、僕は半生で、やや温かい状態が一番うまいと感じる。後者の場合は、半生状態では内臓の臭みや雑味が目立ちやすいと考える。このため、しっかりと加熱して、臭みを飛ばして温かい温度帯で提供する。

赤身系

ポイント
水分量の維持

カツオやマグロなどの身が赤い魚は白身の魚と違って運動量が多い。これが身の色の違いに影響を及ぼしているのだが、身質にも同様に違いが出る。赤身の魚は火を入れると白身魚よりもパサつきやすい。このため、加熱するにしても水分量を保てる程度、すなわち生〜半生で仕上げるケースが多い。ただ、赤身の魚の中でも、サンマやアジ、イワシなどの背の青い魚（青魚とも呼ばれる）に関しては臭みが出やすいため、半生での提供はあまりしない。表面を焼くなどして香ばしさや、他の香りのニュアンスを足していくことが重要と考える。

白身魚系

ポイント
身の柔らかさ

僕自身はタイやヒラメ、クエといった白身魚の魅力は、クセのない風味と、「まさに火が入った瞬間」のホワッとした身の柔らかさにあると考えている。低温調理を施されることが多いが、火入れが浅すぎると雑味が出やすいうえ、ねっちりと噛み切りにくい食感となる。芯温も低いため、シズル感が出ないデメリットもある。とはいえ火を入れすぎると水分が飛び、パサつきが出やすいという側面もあるため、試作と試食をくり返して自分が思う、ジャストな火入れを探るのがいいと思う。

エビ・イカ・タコ

ポイント
うま味の
引き出し方

エビに関しては、店に届いたら塩をふる、脱水シートで包むなどして、冷蔵庫で1日脱水させてから翌日使うことにしている。これは余分な水分を抜いて、うま味を凝縮させたいため。イカなら食感を損なわないよう皮をむく、タコならぬめりを取り除くために塩でもむ、といったことをする。なお、これらの食材を下ゆでする際は、硬水を使う。硬水は食材の風味を抽出しにくい（＝風味が流出しにくい）特性があるため。うま味が豊かな食材だからこそ、いかにとどめ、活かすかを考える。

＊ 焼いている食材に焼き汁や溶かしバターなどをかけること

焼く

ポイント
皮へのアプローチ

魚を焼く場合、多くは皮付きの魚を使う。皮をフライパンでしっかりと焼いて、パリッとした食感や香ばしさを表面にまとわせる。重要なのは、ここで身の中心まで火を入れ切らないこと。フライパンだけで皮付きの魚を焼くと、皮の火入れが終わる頃には身がパサついたり、硬くなったりしてしまう。表面だけをしっかり焼いたらオーブンに入れて芯温をじんわり上げていくのが皮付きの魚を焼く時の僕の定番ルート。ちなみに、フライパンだけで焼き切ることもあるが、この場合はたっぷりのバターでアロゼ（＊）しながら仕上げる。

蒸す

ポイント
水分のコントロール

加熱によるダメージを最小限に止め、魚介本来の風味や食感を味わってほしい、と思った時に採る手法が蒸しである。特にしっとりとした食感の魚（僕の中ではキンメダイやタラ、アンコウなどがこれに当たる）に関しては、蒸すという加熱法を採ることが多い。水分量を保持したまま仕上げまで持っていくことができるから。ただ、この場合皮の香ばしさ、という相反する魅力を両立することはできない。このため皮ははずすか、何かしらの施策が必要である。中途半端に蒸れた皮は食感が悪いため。

揚げる

ポイント
中と外との
ギャップ

魚を揚げるというとアジフライのように青背の魚に衣を付けて揚げる仕立てをイメージする。青背の魚は、処理を間違うとオフフレーバーが出やすい。揚げることで、その原因となる中の余分な水分が抜けたり、油の香りや香ばしさなどが付いてにおいがマスキングされたりすることが期待できる。あとはクエやタラ、イカなどの、身が厚くて生食できる素材は、衣を付けて高温でさっと揚げることで、外の香ばしさと中の半生な食感のコントラストがつくれるため、向くと思う。

生

ポイント
下処理

魚介は肉と異なり、圧倒的に生食できる素材が多い。ポイントは、オフフレーバーが出ないように下処理を徹底すること。塩を事前にふる、脱水シートを使うなど素材に即した下処理の仕方があって、生食する場合はその処理のていねいさがもろに出る。食味に関わる部分も重要だが、もっと重要なのは衛生面。アニサキスなどが原因となり食中毒を引き起こすリスクもゼロではないため、素材によっては内臓の生食は避ける、適切な温度帯で保管するなど、注意して調理にあたる。

実践：素材と向き合う 野菜編

野菜に関しては、気にすることは２つ。素材が持つ本来の味と、野菜の食感を左右する水分量。僕は自分の中で、野菜をそれぞれの味わいの特徴に応じて、「甘味系」「苦味系」のようにいくつかに分類しています。野菜は肉や魚と違って、調味をしなくてもそれだけで非常に味が際立った素材が多いから。肉も、もちろん肉そのもののうま味だったり、野性味だったりというものがあるけれど、塩をふって、焼いて、場合によってはソースを合わせて初めて、その味が最大限に引き出されます。でも、野菜はたとえばカラシナやアンディーブのように、そのままで辛味や苦味が際立って感じられるものもあれば、サツマイモやカボチャのように、加熱するだけでじんわりと甘味を感じられるものがある。

一方で、レタスやキュウリのようにそれ自体の味は薄い野菜もあります。これらは、水分が多く、それこそが特徴といえる野菜ですから、「水分系」という分類の仕方ができます。

このように脳内である程度野菜を分類して、料理の中に苦味や甘味、水分（みずみずしさ）が欲しい時にそれに適した野菜を加えるという使い方をすることが多いです。ある種、調味料のように使うということです。それぞれの味わいの個性が際立っているからこそ、それを「皿の中での役割」と捉え、「苦味担当」「甘味担当」のように仕事を与えていく感じです。もちろん、食感も個性豊かなので、そのバランスを見ながら組み合せていく。これによって、料理に奥行きや彩りが生まれます。

葉菜類

（ポイント）味の特徴を理解する

ホウレンソウやキャベツやハクサイ、レタスといった葉物野菜がこのカテゴリーに分類される。葉っぱであるというだけで、サラダとして生で使われることが多く、それぞれの味わいについて掘り下げられる機会が少ないように思う。生で使うことが多いからこそ、僕はその野菜が持つそのままの味、特徴を踏まえて調味料のような感覚で使っている。中でもルッコラ、カラシナ、アンディーブ、トレビスといった葉は料理に辛味や苦味のインパクトを足したい時に、レタスのように水分を豊富に含み、そのみずみずしい食感が特徴の葉は料理に水分量をプラスしたい時などに使う。

果菜類

（ポイント）
水分と油との
対話

トマトやナス、ズッキーニやキュウリといった果菜類を扱ううえで重要だと思っているのは、水分と油。トマトにしろキュウリにしろ、水分を豊富に含み、この水分量をいかに活かすか、ということが重要になってくる。僕はキュウリに関しては生食がおいしいと思っている。トマトに関しては生のままだとキレのある酸味やみずみずしさが特徴的だけど、加熱すると甘味やうま味が凝縮して丸くなっていくという特徴があり、これを料理に応じて使い分けている。一方、ナスやズッキーニも水分量が豊富ではあるが、その食感から油との相性が抜群であるという特徴もある。こういった素材に対しては、揚げる、焼く、といった加熱調理を施したくなる。

根菜類

（ポイント）
水分量を
補う

サツマイモやジャガイモ、ゴボウといった、土に埋まっている部分を食す根菜類。根菜は、野菜の中では比較的水分量が少ない素材が多く、調理する際は水分を補う方向性で仕立てを考える。僕自身は、水分量を補いつつ、特有の強い風味を活かすことができる手段の1つとして、ピュレなどに仕立てることが多い。この他、焼いたり揚げたり生食したりする際は、口に入れた時のパサつきが気にならないように、スライスやささがきにするなどして表面積を小さく取るようにしている。この他、断面を大きめに取って、衣をまぶして塊で揚げることもある。これに関しては根菜の水分量の少なさがプラスに働く仕立てだと思う。

焼く

（ ポイント ） 切り方でコントロール

野菜を焼くことの一番のメリットは、香ばしい風味が付けられることにあると思う。この時、どこまでその野菜に香ばしさを付けたいか、によって切り方を大きく変えていく。たとえばズッキーニ。輪切りではなく縦に半割にして、断面を大きく取ってフライパンで焼くと、香ばしさとジューシーさが共存した一品に仕上がる。カブやタマネギなど、切らずに丸のままでアルミ箔に包むなどして焼くことができる素材もある。これは、フライパンなどの熱源に直接触れる表面積（断面）が少なくなるため香ばしさという意味ではあまり出ない。一方で、周囲からじんわりと温められることで中がトロトロに仕上がるという側面もある。もし、サラダに入れるなら香ばしく焼くほうがアクセントになるし、ピュレにしたいなら丸のまま焼いてトロトロに仕上げたほうが向く。ゴールを明確に設定したうえで、どこまで香ばしさを付けるか。これを切り方でコントロールしていくといいと思う。

ゆでる

（ ポイント ） 硬水を選ぶ

野菜をゆでる時、僕は硬水を使っている。日本の水道水は、基本的には軟水に区分される柔らかい水で、だしをとる際などに向く硬度とされている。これは、素材が持つうま味を引き出しやすい硬度ということ。同様に、ヨーロッパなどの高硬度の水を使って日本料理の要領でだしをとろうとすると、うま味が水にうまく抽出できない、またアクが出て水が濁るということが起きる。そもそも硬度というのは水の中に含まれるマグネシウムやカルシウムの量で決まっていて、これらの成分が素材の成分と結合したりしなかったりすることによって、こうした違いが生じている。基本的に、野菜をゆでる時というのはそのゆで汁は捨て、野菜を食べることが目的となる。だから、うま味が水に流出しづらく、野菜の雑味成分とカルシウムがうまく結合し、アクとなって外に出やすい硬水を使うとおいしく仕上がる、と考えている。加えて、硬水を使うことによって、野菜の香りや歯ごたえが残りやすいとも感じている。

揚げる

（ポイント）香り

野菜を揚げる、ということを考えた時に、真っ先に思いつくのは天ぷらという調理法。衣に包まれ、守られながら高温の油で揚げるという手法は、短時間であれば素材の水分を保ったままジューシーに仕上がるし、長時間であれば素材から脱水が起きて、風味の凝縮感が高まる。衣の中に野菜本来の香りが閉じ込もり、噛んだ瞬間に口内に広がる。こうした点から、グリーンアスパラガスや、タケノコなどの、水分量が多い野菜や、香りの豊かな野菜は、揚げるのに適していると考えている。揚げても水分がまだ素材の内に留まり、ジューシーに仕上がり、豊かな香りが衣の中に閉じ込められるためである。他にも、サツマイモやジャガイモなどの糖度の高い素材は、揚げることで甘味がぐっとアップする。要は揚げることでしか出せない味があるということだ。天ぷらでないにしても、揚げることで見た目にも味わいにもボリュームが出るため、本来淡白な味わいの野菜の印象を変えたい時にも有効な手立てかと思う。

 ## 生

（ポイント）水分量と食感

野菜は生食できるものがほとんどである。にも関わらず、揚げる、煮込む、焼く、ゆでる、蒸す、とあらゆる加熱調理が施されるのは、単に「硬いから柔らかくしたい」「生だと辛味が強すぎる」といった、素材のマイナス面をなくすため、という消極的理由からだけではないように思う。要は、「生で食べたほうがおいしい野菜」「加熱したほうがおいしい野菜」というものが存在する。たとえば、キュウリは生食したほうがおいしいし、ズッキーニは加熱したほうがおいしいと感じる人が多いのではないか。これを分けるのは、生状態の野菜が持つ水分の量と食感だと思う。たとえば、キュウリは水分量約97％といわれ、生食されることがほとんど。これは加熱するとみずみずしさやパリッとした食感などのキュウリ本来の持ち味が損なわれるためだと思う。そうした、その野菜の一番の持ち味を考えた時に、生食した際の食感や、水分量にそれがあると思われるものに関しては、加熱は向かないのではないか。

実践：素材と向き合う デザート編

「sio」では、コースの中でデザートを2品提供しています。先にお出しする1品は小さいポーションで、比較的複雑な構成で、奥行きのある味わいのもの。後からお出しするもう1品は、シンプルな構成で、しっかり甘い味のものを。これは、レストランにおけるデザートの満足度をいかに演出するかという問題で、ただ甘いだけだと技がないし、かといって技を利かせておしゃれすぎてもデザート感が薄まり、満足してもらえない。僕自身、レストランで食事をした帰りに、コンビニでプリンやシュークリームといった甘いデザートを買って帰ったことがあるだけに、ここでどれだけ満足してもらえるかがその店の印象を決めると思っているんです。

このため、2品構成にして「レストランらしさ」と、一般的にデザートに求められる「甘さ」という2つの役割をそれぞれに担わせています。ちなみに、デザートを僕はいくつかの系統に分けて考えていて、それが「チョコレート系」「ミルク系」「フルーツ系」そして「野菜系」という分類。前半3系統はおなじみだと思いますが、野菜というと少しイレギュラーかもしれません。野菜が持つ青い風味や色味、苦味、水分量や清涼感というのは、時としてデザートの皿でかなり活躍してくれます。フルーツだからデザートにしか使わない、野菜だからデザートには使わない、という先入観はなくして、「ここにこんな味わいが欲しい」と感じた時に、縦横無尽に素材を選べると、より豊かな表現ができるようになるのだと思います。

チョコレート系

<table>
<tr><td>ポイント</td></tr>
<tr><td>香りと酸味</td></tr>
</table>

チョコレートをデザートに使ううえで意識するのは、チョコレートが持つコクや甘味に対して、これを相殺する要素として香りや酸味を他の素材で足すということ。チョコレート一辺倒のデザートは、甘さと重さが出やすく、これがコース料理の最後に出てくると食後感を気持ちのいいものにしにくいと考えている。だからこそ、香り豊かなハーブやスパイス、酸味の立ったフルーツなどをプラスすることによって、甘さや重さとは異なる方向性に引っ張っていく。これによってコントラストが生まれる。まさしくサウナ理論である。

ミルク系

<table>
<tr><td>ポイント</td></tr>
<tr><td>素材を活かす</td></tr>
</table>

牛乳や生クリーム、チーズなど、生乳をメイン素材としてデザートをつくることも多い。この場合、ミルク本来のやさしく繊細な風味、ほのかな甘味を活かしたいと感じる。チョコレートは複数の要素を合わせ複雑な構成としても耐え得るだけのベースの味の強さがあるが、ミルクにはそれがないと感じる。このため、他の風味、香りの要素はなるべく足さずに、わかりやすく、単一的なおいしさをめざす。なお、僕は白い色味もこの繊細さを際立てる重要な要素だと考えていて、ミルクを主役にする際は、白一色で仕立てることが多い。

フルーツ系

<table>
<tr><td>ポイント</td></tr>
<tr><td>水分の活かし方</td></tr>
</table>

フルーツといっても、リンゴやオレンジ、イチゴにマンゴーなど、それぞれの特徴は大きく異なる。共通していえるのは、水分を多く含んでいるということ。デザートに落とし込む際は、フルーツのこのみずみずしさをいかに活かすかという方向性で考える。たとえば、シャーベットやかき氷、ゼリーのようなみずみずしさをそのまま表現できる仕立てに向くと考える。また、穏やかな酸味を持つフルーツも多いため、チョコレートやカスタードなどの甘ったるさを相殺する相手として重宝している。

野菜系

<table>
<tr><td>ポイント</td></tr>
<tr><td>青みと清涼感</td></tr>
</table>

野菜は、デザートの甘さを相殺するためによく使う。というのも、一般的なデザートの材料からは得られない青い風味や苦味、清涼感などの特徴を持つためである。たとえば、チョコレートやカスタードなどの甘味が強く、重くなりがちなものに対して、アンディーブなどの苦味の強い素材を合わせたり、軽やかさを出すために水分が多いキュウリを合わせたりして相殺する。ただ、野菜は味に個性があるため、使う際は必然性が求められる。本当にその野菜が必要かどうかを熟考して使う。

＊ 東京・目黒区に本店を構える米専門店。オーナーは五つ星お米マイスターの西島豊造氏

<u>実践</u>：素材と向き合う 炭水化物編

最後に、炭水化物についても考えてみたいと思います。僕たちがつくる炭水化物というと、パスタとごはんが中心です。「sio」はイタリアンをベースとしたレストランではありますが、実は以前から、お米を使った料理を提供してきました。だから、コースの中でパスタとごはんの

2度にわたって炭水化物が出てくることもしばしば。炭水化物を扱ううえで、気をつけているのは合わせる具材や味つけをどうするかよりも、どうやってゆでるか、炊くか、というベースの調理。この点に的を絞って、パスタとごはんの調理のポイントを解説します。

パスタ

ポイント
2通りのアルデンテ

僕の場合、ロングパスタは、麺とソースを楽しむものと捉えて具はあまり入れない。逆に、ショートパスタは具材を入れて、全体の食感のリズムを楽しんでもらう仕立てが多い。なお、乾麺に関しては小麦の風味が強く感じられるダル クオーレ社のスパゲッティを使う。ゆでる際は水に対して1％量の塩を入れ、パスタをゆでている間に合計3〜4回箸で麺を踊らせるようにさわってあげる。さわりすぎるとパスタの表面の小麦粉が落ちてしまうし、あまりに動かさないと火の通り方にバラつきが出てしまうためだ。ゆで加減は合わせるソースに濃度がある場合はアルデンテの中でも硬め、ソースに濃度がない場合はややゆるめを意識する。

ごはん

ポイント
仕立てに応じた炊き方

使う米の品種や産地はその時々で変わるが、毎回スズノブ（＊）というお米屋さんで「こういう料理に使いたい」と相談し、最適なものを選んでもらっている。また、炊き方に僕なりのこだわりがある。①お米を研いだ後、15分間ほど浸水させる。②よく水を切り、さらに15分間ザルに上げて乾燥させる。③これを鍋に入れ、0.85〜0.95倍量の水を足す。④強火で一気に沸かす。⑤湧いたら弱火で13分間炊く。火を止めて5分間蒸らす。炊き上がりは粒立って、ほどよい硬さと透明感がある。これはベーシックな白米の炊き方だが、ピラフやチャーハンにする場合の炊き方も別にあり、仕立てに応じて炊き方を変えている。

Chapter-2

メニュー をつくる

料理をつくるのと、
メニューをつくるのは、
まったくの別物。

ここではコースとアラカルト
それぞれの視点から、
メニューをいかに
設計していくかを考える。

メニューはどうやって考える?

飲食店を開くには、単に「料理を上手につくることができる」だけでは難しい。経営などのビジネスセンスもさることながら、「魅力的なメニューを考えることができる」という素質も必要なわけです。料理をつくるのとメニューをつくるのは、似て非なるものですから。

僕がメニューを1から考える時は、コースにするか、アラカルトにするかも含めて、店の立地や物件が決まり、内外装やコンセプトが見えてきたタイミングで同時に固めていきます。もちろん逆に、客単価やそれに見合ったメニュー設計を決めたうえで、立地、物件を探していくという方法を採る場合もあるかもしれません。いずれにしても、メニューの構成と店の立地や雰囲気は連動して然るべきだということです。

連動するとはどういうことでしょうか。

店の立地や雰囲気から、利用シーン、利用目的がある程度想定されるわけで、そのシーンや目的に沿ったメニュー構成になっているかどうかが重要だということです。

たとえば、おしゃれな街にある、カウンター主体のスタイリッシュな雰囲気の店で、素朴で野暮ったい定食メニューばかりが黒板に並んでいたら、お客さまはちぐはぐな印象を抱くでしょ

うし、その逆も然りです。

要は、メニューの内容も含め、店全体でトンマナが揃っているかどうか。この点を見落としてはいけないということ。ただ自分がつくりたい料理を、店の雰囲気やお客さまのニーズ、利用目的を無視してつくり続けるとなると、ビジネスとしては成立しにくくなるのです。

その店の場所、雰囲気から、どんなシーンが生まれ、お客さまはどんな料理を求めるだろうか。これを想像してメニューという形に落とし込んでいくことが、重要になってくるわけです。

重要なのは、そのメニュー構成で、どんなことをなし得たいのか、というゴールの設定です。僕らの場合は、ゴールはお客さまに喜んでもらうことにある。メニューを構成するというのは、そのゴールに到達するための手段の一環に過ぎないわけです。ゴールの形は人それぞれだと思いますが、メニュー1つ考えるにも、ゴールがあるかないかで、考えやすさが変わってくるものです。

ここからは、さらに解像度をぐっと上げて、僕らの展開する7つの業態を例に、メニュー設計の方法について解説していきたいと思います。

コースを考える

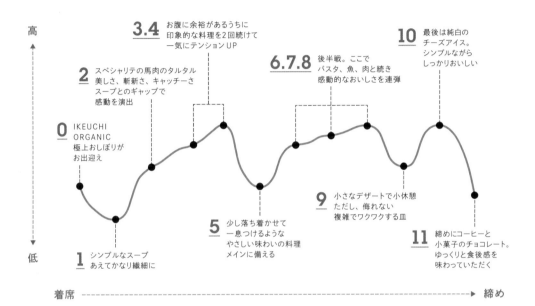

高

0 IKEUCHI
ORGANIC
極上おしぼりが
お出迎え

2 スペシャリテの馬肉のタルタル
美しさ、斬新さ、キャッチーさ
スープとのギャップで
感動を演出

3.4 お腹に余裕があるうちに
印象的な料理を2回続けて
一気にテンションUP

6.7.8 後半戦。ここで
パスタ、魚、肉と続き
感動的なおいしさを連弾

10 最後は純白の
チーズアイス。
シンプルながら
しっかりおいしい

1 シンプルなスープ
あえてかなり繊細に

5 少し落ち着かせて
一息つけるような
やさしい味わいの料理
メインに備える

9 小さなデザートで小休憩
ただし、侮れない
複雑でワクワクする皿

11 締めにコーヒーと
小菓子のチョコレート。
ゆっくりと食後感を
味わっていただく

低

着席 --- 締め

#sioの場合

メニューを考える際、当然ながら、コース主体の店と、アラカルト主体の店とでは気にすべき点が異なります。コース主体の店というと、僕が経営する中では「sio」や「Hotel's」が該当します。まず、sioのコースの設計について、説明をしたいと思います。

そもそも、コース料理において店側は料理の味だけでなく、全体の品数、1品のボリューム、提供タイミング、その他諸々をトータルでコーディネートすることができます。逆にいえば、トータルコーディネートがうまくいってないと、お客さまの食後感をネガティブなものにしてしまうリスクも秘めています。sioでお出しするコースでは、上掲の曲線のような流れを意識しています。これは「感情曲線」や「ドラマカーブ」と呼ばれる、物語のシナリオをつくる際に

1	舞茸　コンソメ
2	馬肉　ビーツ
3	鰺のタルタル キヌア ドライトマトスープ

用いられる図にヒントを得て考案したものです。横軸がコースの時間軸を表していて、縦軸がお出しする料理に対して想定されるお客さまのテンションや印象の抑揚を表しています。まず、０品目と位置づけているおしぼりの提供からはじまります。これは IKEUCHI ORGANIC の、とてもさわり心地のよいおしぼり。そしてコースのスターターである１品目には、シンプルな、具のないスープをお出しします。情報量を少なくすることで、コースへの期待値をあえ

て低く設定しているのです。

その後に２、３、４品目と続く第一のピークを用意しているため、その跳躍に向けての屈伸という立ち位置だからです。スタートをあえて低く設定することで、その後の伸びしろが生まれます。この高低差こそがお客さまの驚きや、感動をつくり出しているのです。ずっとハイテンションの料理が続けばお客さまは疲れてしまいますし、次の皿に対する期待値も当然上がりっぱなしになります。期待値が上がり続けるのに

4 | 牛ホホ肉とカボチャの
ラビオリ
赤ワインソース

5 | 焼き茄子の冷製パスタ
茗荷　生姜　青柚子

6 | 銀鮭　十穀米リゾット
トレビス
白味噌ブールブランソース

反して、前の料理より少しでも低いテンション
の料理が出てきたら、お客さまはガッカリして
しまう。店側は、そうしたお客さまの心理を計
算したうえで、コースの抑揚を形づくり、感動
や驚きのポイントを意図的に用意しておく必要
があると思うのです。

2品目で、sioのスペシャリテと銘打っている馬
肉を使ったフィンガーフードを提供してお客さ
まの期待値を上向きにします。続く3〜4品目
は前菜にカテゴライズされる料理をお出しする

フェーズで、お客さまはお腹にまだまだ余裕が
あって、かつ酔いも回らずに料理に対して前の
めりになっているタイミング。そのためこの3
〜4品目でさらなる目玉料理や、情報量が多い
料理をお出しします。お客さまが理解をしよう
と努めてくださるタイミングだからです。

そして、6、7、8品目でパスタ、魚料理、肉
料理と続いてコースのクライマックスとなるた
め、間の5品目では再度低めのテンション、や
さしい味わいの料理をお出しすることで、一度

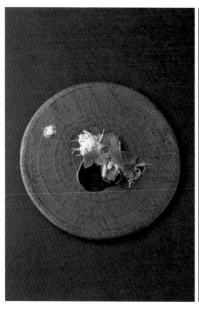

7 │ 北京ダックの再構築 黒酢と甜麺醤の ガストリックソース

8 │ sio ラーメン

9 │ レモングラスの パンナコッタ ジンとライムのグラニテ

お客さまにクールダウンしていただきます。ただ、今回はこの落ち着く料理を8品目に持ってきていて、2〜7品目にかけてテンションを上げて8品目で小休止という流れとしました。

その後の9品目は「メインデザートの前の一皿」を意味するアヴァン・デセールの小さなデザートをお出しし、次にメインデザートで盛り上げ、食後のコーヒーと小菓子で穏やかに着地していただくという流れです。

コースを提供するお店で、シェフやスタッフが、このように一品一品の役割や流れを可視化できていないということがあれば、それはコースをつくっているとはいえない、ということになるかもしれません。流れをトータルでプロデュースしているからこそ、料理を一筋のコースとして提供する意味が出てくるのです。料理をコース仕立てでお出しする理由や狙い、そのコースによってお客さまにどのような体験を与えたいのか、これらが明確であれば、自ずと一品ずつの役割や流れは可視化できるはずです。

10 | ブリアサヴァラン

ある日のコース

1
舞茸　コンソメ

2
馬肉　ビーツ

3
鯵のタルタル
キヌア
ドライトマトスープ

4
牛ホホ肉とカボチャの
ラビオリ
赤ワインソース

5
焼き茄子の
冷製パスタ
茗荷　生姜　青柚子

6
銀鮭　十穀米リゾット
トレビス
白味噌プールブランソース

7
北京ダックの再構築
黒酢と甜麺醤の
ガストリックソース

8
sioラーメン

9
レモングラスの
パンナコッタ
ジンとライムのグラニテ

10
ブリアサヴァラン

sio

sioでは昼夜ともに10品1万2100
円（税・サービス料込み。最初のお
しぼりと最後の小菓子は品数としてカ
ウントしていない）のおまかせコース
のみを提供しており、メインの肉料理
をハトや和牛に変更する場合はプラ
ス料金がかかる仕組み。

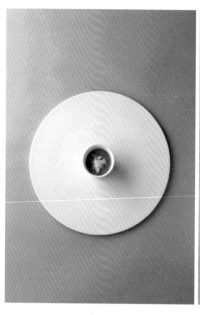

1 ｜ 毛蟹の
茶碗蒸し

2 ｜ 牡蠣とサワークリーム
レモンのグラニテ

3 ｜ 馬肉と甘エビの
タルタル

#Hotel'sの場合

「Hotel's」も「sio」と同様に、おまかせコースを提供しています。ただ、お出しする品数はsioより1皿少ない計9皿。かつお客さまの年齢層がsioより高いこともあり、1皿のポーションもほんの少し下げているんです。こうなると、コース全体のボリュームも、必然的に少

なくなります。このため、sioよりも一品一品の味の強度、すなわち「おいしさの伝わりやすさ」というものを前面に打ち出すように意識しています。これは料理の満足度を量で取るのか、インパクトで取るのかの違いです。品数やボリュームは違っても、味の強度によって食後は同じぐらいの満足度が得られるようにしているということです。

とはいっても、コースの流れに関しては45ページの図をベースに考えます。1品目にシン

4 | 熟成じゃがいもと
サザエの肝の
ラビオリ

5 | 鰭のロースト
根セロリの
ヴァンブランソース

6_1 | 薪火焼き
ステーキ

プルな茶碗蒸しをお出ししていて、これは sio のスープと同様、期待値をあえて低く設定するための品。ただ、先述の通りおいしさのわかりやすさを出すために、うま味の強い蟹のほぐし身をのせ、べっこう餡を上から流すことで、誰もが好きな、旨さと甘さを表現しています。次にお出しするのが牡蠣の身にレモンのグラニテとサワークリームを合わせた冷前菜。かなりの低温で提供することで、温かくやさしい雰囲気の1皿目とのギャップを演出します。

続く3、4皿目は冷前菜と温前菜。sio と同様、情報量の多い料理、まさしく「五味＋1」的な料理が続きます。3皿目は馬肉とアマエビ、ケッパーやウニ、マヨネーズを合わせたタルタル。続く4皿目はサザエの肝とジャガイモのピュレをイカスミのパスタで包んだラビオリに、ハマグリバターのソースを流し、黒イチジクのサラダを合わせています。かなり複雑な料理ですが、食べると不思議と一体感があるんです。この理由は、五味＋1に加えて「うま味のリュックサッ

6_2 │ 佐賀・黒木農園の
レンコンのピクルス

7 │ レタスと梨の
サラダ

8 │ 神戸牛の
スライダー

ク」のロジックを意識して味を構成しているた
めです。

ちなみに、Hotel's には薪窯があり、メイン
ディッシュの肉料理はこの窯で焼いたシンプル
なステーキ、そして締めにはハンバーガーをお
出しする、ということが決まっています。つま
り、クライマックスに近づくにつれ料理の構成
がシンプルになっていく。このため前半で複雑
な料理をお出しするほうが、コースとしての
トータルバランスがよくなるわけです。

5皿目は魚料理、6皿目は肉の薪焼きと続き、
ここがコースの1つの頂上。そして7皿目で見
た目は映えないお口直しのレタスと梨のサラダ
をお出しし、1度小休止。ここであえて期待値
を低くして、最後にもう1つの頂上であるハン
バーガーをお出しします。デザートはマジョラ
ムの香りを付けた、シンプルながら濃厚なミル
クアイスで、その盛り上がりを引き継ぎ、最後
は小菓子で sio と同様に落ち着いたテンション
で締めくくります。

9 | デザート

— ある日のコース —

1
毛蟹の
茶碗蒸し

2
牡蠣と
サワークリーム
レモンのグラニテ

3
馬肉と甘エビの
タルタル

4
熟成じゃがいもと
サザエの肝の
ラビオリ

5
鱚のロースト
根セロリの
ヴァンブランソース

6
薪火焼き
ステーキ

7
レタスと梨のサラダ

8
神戸牛の
スライダー

9
デザート

Hotel's

現在、夜は掲載した9品1万6500円のコースから10品1万8150円のコース（サービス料別）に変更となっている。昼は感動ハンバーガーコース9品1万1000円やショートコース5品6600円、朝は和朝食3000円（すべて税込み）なども用意。

アラカルトを考える

僕は現在、コースのみの店も、アラカルト主体の店も経営していますが、両者では根本的に、考え方が異なります。コースでは、先述の通り全体の皿数や1品ごとの抑揚のつけ方、すべて食べ終えた時の食後感といったさまざまな要素をコントロールする必要がありますが、アラカルトの店では、その必要はありません。

逆にいえば、トータルでコントロールすることができないため、料理の組合せや注文する品数によって、お客さまからの評価がいい方へも悪い方へも振れる可能性があるということです。店側はこの点を踏まえたうえで、メニューを考えていく必要があります。

どう考えるか。それはお客さまのニーズを読んだメニュー設計にすることです。

「コースしかない」ことを前提にお客さまが予約をして来店するようなコース主体の店と違い、アラカルト主体の店では、メニューの主導権を握るのはお客さまです。土地柄や店の内外装、雰囲気から求められるメニュー構成を差し出さなくては、選ばれる店にはなり得ません。

たとえば、ビストロやトラットリアのように気軽に入れる雰囲気のお店の場合、「気心知れた友人らとワインをたしなみながら料理を数品楽しみたい」「複数人のグループで楽しく打ち上げ」というニーズが結構多いと思うんです。

そうした場に、仮に「シェフの一球入魂」というようなメニューばかりが並んでいたとして、果たして喜ばれるでしょうか。そういった料理は、おそらく温度や食感の観点から、すぐに口に運んでもらわないと、そのよさが伝わらないはず。加えて、シェフがどんな思いでどこの食材を使ってつくった料理なのか、おそらくサービススタッフが延々と説明をしてくれるでしょう。でもちょっと待って。「それってうざくない？」というのが僕の意見。

仮に長ったらしい説明がなかったとしても、料理が複雑な場合、その情報量が食事の場のボトルネックになるケースもあると思います。料理に対して頭を使わないといけなくなるためです。会話に60％、ワインに30％くらい脳のリソースを割いている人に、50％以上のリソースを要する料理を出すことはナンセンスなんじゃないか、ということです。そういった場においては、残る10％で充分おいしさを理解できる、わかりやすい料理が求められるものだと思います。アラカルト主体の店においては、店側が、お客さまが求めるメニューを読んで、そこにアジャストしていく必要があるということです。

イチジクバターの
ブルスケッタ

半熟卵と
アンチョビ

噂のフライドポテト

#o/sioの場合

僕たちは東京・丸の内に「o/sio」というイタリアンレストランを展開しています。

上掲の写真はこの店でお出ししている料理の一例です。

姉妹店であるはずのsioでお出ししている料理とは、見た目から雰囲気が異なることがおわか

りいただけるのではないでしょうか。

この違いは、店の立地や、物件、店自体が持つ雰囲気、そこから想定されるお客さまの利用目的の違いにあります。

こうした店の立地や雰囲気から想定される、お客さまのニーズに合うメニュー設計ができるかどうかの鍵を握るのは、ラインアップする料理の「情報量」と「味の強度」にあると考えています。たとえば、o/sioは、オフィスビルが林立する東京・丸の内の商業施設の中に入居して

貧乏人のパスタ

o/sioの定番
コクミート

仔羊
オーストラリア産

いて、冒頭でも触れたように、まさしく「気心知れた友人らとワインをたしなみながら料理を数品楽しみたい」「複数人のグループで楽しく打ち上げ」というニーズが多いであろうカジュアルな雰囲気のお店です。

このようなお店で、情報量が多く、理解するのにお客さまの脳のリソースを奪ってしまうような料理ばかりが並んでいたら興が削がれてしまうと思いませんか？

聞いたことのないフランス語やイタリア語の

メニュー、味わったことのない味や香りのする食材というのは、この店には不釣り合いであるということです。

味の強度というのは、「おいしさのわかりやすさ」といい換えてもいいでしょう。

時々、食事をしていると「おいしさを能動的に探さないといけない料理」に出合うことがあります。「○○と△△が組み合わせられているからこういう味わいになるのか」と、考察を要する料理というものもあります。こうした料理は味

イチジクバターの
ブルスケッタ
400円／枚

半熟卵と
アンチョビ
400円

噂のフライドポテト
750円

貧乏人のパスタ
1850円

o/sioの定番
コクミート
1950円

仔羊
オーストラリア産
3900円

o/sio

昼夜ともにアラカルト、コースの両方を提供する。夜のアラカルトは「炭火焼き」「ロングパスタ」など6カテゴリ25品前後を400～4400円の価格帯で用意。おすすめ品で構成する8品6000円と10品8000円のプランも用意（税込み）。

の強度が弱いといい換えられるかもしれません。o/sio の例でいえば、そういった料理ではなく、10人食べたら10人が「旨いとわかる」、強度のある味、わかりやすいおいしさがある料理をメニューにラインアップしていて、めざしているのは会話の合間に適当に口に運んで、「あれ、これ旨くない？」となるぐらいの強さ。フライドポテトなんかはまさにその好例というわけです。どのメニューもシンプルで、皿の上の要素、食材の数が絞られているのがご理解いただけると

思います。
そして、メニュー表には何を頼んでも「間違いないはず」と一目でわかる料理名を列記しています。なぜかというと、せっかくその「場」を楽しみに来てくれているお客さまに、料理のメニューを決めるためにあれこれ悩ませてしまったり、「想像と違う料理が来た」とネガティブギャップを与えてしまうことがあったりしては、何より大事な「お客さまに喜んでいただく」という目的が達成できないからです。

#㐂つねの場合

㐂つねは奈良県奈良市にある「すき焼きレストラン」です。興福寺や奈良公園が目と鼻の先にあるという土地柄、海外からの観光客も多いんです。加えて、地元の商店街や住宅街も近隣にあるため、地元客のハレの日需要も見込める。これらを踏まえてすき焼きやちらし寿司といった華やかなメニューを核に据えました。コースを昼夜3本ずつ用意する他、「きつねすき焼き重」「すき焼きちらし重」「きつねうどん」「牛まぶし御膳」などのセットメニューも用意しています。セットメニューの価格帯は2200～4400円、コースの値段は昼夜ともに9350円、1万2650円、1万5400円の3価格帯です（税・サービス料込み）。

#ザ・ニューワールドの場合

大阪・心斎橋の商業施設「心斎橋PARCO」に出店した居酒屋です。新しいカルチャーに対して寛大な大阪という街で、レストラン出身の僕らにしかできない居酒屋料理の表現にチャレンジしています。メニューは「名物」「とりあえず」「魚」「冷菜」「温菜」「揚げ物」「〆」「甘味」の8カテゴリ計30品前後を用意しており、価格レンジは500～1200円とリーズナブル。「ニューワールドのサヴァ缶」や「2年熟成メークインのポテトフライ」「ニュなよだれ鶏」など、さまざまなジャンルのメニューをラインアップしていますが、ワイガヤ系の居酒屋らしく、小難しさや複雑さを削ぎ落とした、シンプルな料理が大半です。

＊メニュー構成と価格は 2023 年 4 月時点のもの

純洋食とスイーツ
#パーラー大箸の場合

東京・渋谷の複合施設「フクラス」に出店しているパーラー大箸は、オーナーは別会社で、僕らは運営全般を担っています。街の洋食屋やファミリーレストランを意識したメニュー構成としており、「ナポリタンを超えたナポリタン」「オムライス」「ととのうプリン」などが人気商品。この他、「オムライスとナポリタン ハーフ＆ハーフ」や「欧風チキンカレー」「煮込みハンバーグ」といった王道的洋食メニューをラインアップしつつ、これに「トッピング」と称して唐揚げやエビフライなどを用意していて、自分好みのセットをつくれるようにしています。また、この付帯注文によって客単価の積み上げにもつながっています。

#おいしいパスタの場合

福岡・天神の複合ビルに出店した和風パスタ専門店です。福岡は酒場文化が成熟しているため居酒屋のフィールドで戦うのは難しい。ただ洋食分野が弱いという特徴があり、僕らが得意なパスタで勝負に出よう、と考えました。メニューは「和風ガーリックカルボナーラ」「ナポリタンを超えたナポリタン」などパスタ 10 種前後（850 〜 1100 円）に加えバゲットなどのサイドメニュー 3 品を用意。パスタといえど、和風テイストを多くラインアップすることで、来店頻度を高める（週 2 回が目標）狙いがあります。プッタネスカを週 2 回食べる人はいなくとも、日本人に馴染み深い和風パスタなら高頻度利用もあり得ると考えたためです。

メニュー名はキャッチコピー

メニューには、一度聞いたら耳に残るような名前をつけることがあります。たとえば、「パーラー大箸」という洋食店でお出ししている、「ととのうプリン」。「ととのう」という言葉には、近年、新たな意味が付加されました。

サウナに入った後に感じる、なんともいえない心地よさを表す言葉としての「ととのう」。このプリンには、そうしたサウナで感じる熱さと冷たさが生む心地よさと同じように、甘味と苦味の心地よい風味がある、ということを伝えるための「ととのう」です。

そう、まさに 14 ページのロジック 03 でご紹介した「サウナ理論」を体現したプリンということですが、これがメニューに並んでいることで、「"プリン"で"ととのう"ってどういうこと？」という疑問が生まれますよね。この疑問がフックとなり、注文につながる好奇心を生むという仕掛けです。

他にも、「ナポリタンを越えたナポリタン」「HEY! バインミー」「噂のフライドポテト」「コクミート」などなど……。いずれもキャッチーさがあり、「え、どういうこと？」とお客さまの目を引くメニュー名ばかり。このキャッチーさは、注文を訴求すると同時に、お客さまにとっても「誰かにいいたい」という気持ちを喚起する魔力を持っています。

どういうことかというと、実際にその料理を食べると、Instagram や Twitter などで写真とともに、ハッシュタグを付けて「＃ナポリタンを超えるナポリタン」「＃ HEY バインミー」と発信したくなる。実際、ありがたいことにそうした投稿をたくさん目にしました。

おいしそうな料理の写真に、キャッチーなタイトルが紐付けられて、全世界に発信されるわけです。こうすることで、多くの人に名前と一緒にそのメニューを認知してもらえる。それを見た新しいお客さまが、「私もプリンでととのってみようかな」と注文をする。同じように投稿したくなる。そうした好循環を生むための仕掛けというわけです。これが普通のメニュー名だったら、わざわざハッシュタグを付けて発信するということにはつながりません。

もちろん、すべてがすべて、キャッチーなメニュー名ばかり並んでいたら、わざわざハッシュタグを付けて発信することはしないでしょうし、一つひとつが際立つこともないでしょう。その店の中でも目玉料理となるようなものや、来客の呼び水にできるような商品にだけ付けるといった、バランス感覚も重要になってくるかと思います。

感動ハンバーグ　ととのうプリン

噂の　フライドポテト

HEY！バインミー

ナポリタンを越えたナポリタン

タレ弁

ただ、名前が持つ威力というのは絶大です。たかがメニュー名と侮れない。それを裏付けるエピソードを1つ、ご紹介したいと思います。2022年、僕たちは誰もが知るファミリーレストランチェーン「ガスト」さんとタッグを組み、新メニューを共同開発しました。僕たちは新しいハンバーグメニューを提案し、このメニューに「感動ハンバーグ」と名付けたんです。
この命名はとても威力があり、実際に僕のSNSには、たくさんのフォロワーの方から
「ハンバーグ、感動しました！」
「感動しにいってきます！」

といったコメントが寄せられました。「おいしい」という言葉が「感動」に置き換わることで、それが1つのメニューではなく現象にまで昇華します。加えて、僕も想定外だったのですが、「感動」と名前が付いていることで、ガストのスタッフの皆さんから、「お客さまを感動させないと！という思いが芽生え、品質やスピードなどに、より心を配る意識が高まった」とコメントを多数いただいたのです。
お客さまだけでなく、提供する働き手側にもいい効果が生まれることもある。
これが名前の持つ絶大な威力なんです。

価格のつけ方

僕たちのグループは「sio」や「Hotel's」のようなコース主体のレストラン、「o/sio」のようなアラカルト主体のイタリアンレストラン、居酒屋、洋食店、すき焼きレストラン、和風パスタ専門店……と出店している業態がバラバラであるため、これらで提供する料理の価格帯はてんでバラバラです。もちろん、複数店舗出店するにしても、同じメニュー構成、同じ価格帯としてチェーン展開したほうがノウハウもたまっていくでしょうし、出店に際してのコストも下げられるかもしれません。

ただ、僕からすると、その街やエリアに沿った店の雰囲気や内装というものがあるし、それに即したメニュー構成や客単価というものがある。店の出店エリアや、その商圏の特徴、そこに出入りする人たちの特性から店の内外装が決まり、同時にそこで求められるメニュー構成も浮き彫りになっていきます。そうなった時に、最後のパズルを1ピースはめ込むように、料理の価格も決まるものだと思っています。

要は、その店における最適な料理の価格というものがすでに決まっているはずで、価格設定というのはその最適解を探る行為に過ぎないというのが僕の考えです。

たとえばo/sio。東京・丸の内の商業施設の飲食店フロアに入居する、ナチュラルワインが売りのカジュアルなイタリアンレストランです。オープン当初、想定していた客単価は6500円でした。なぜこの価格帯を狙ったかというと、土地柄、近隣のビジネスワーカーが同僚や友人、恋人と月に1回程度、気兼ねなく来れる店をめざしていたためです。月1回特定の店に行こうとなると、いくら飲食にお金を支払う余裕のあるお客さまが多い街とはいえ、1万円は下回っていたい。ただ、これを5000円まで落とすと客数をかなり稼がなくてはいけなくなり、僕ら側が「働けども働けども儲からない」という状況に陥りかねないのです。

そこで6500円という価格帯を狙ったわけですが、実際蓋を開けてみると客単価は6000〜8000円の幅で変動しており、平均すると7000円程度と当初の見積もりより上振れする形となっています。

この理由は、ナチュラルワインに特化したことにあります。もともと売りにはしていたものの、コロナ禍によって売上げが落ち込んだタイミングで、テコ入れの一環としてナチュラルワインを大量に仕入れて、「丸の内で一番ナチュラルワインが飲める店」と謳ったんです。これによっ

て、ナチュラルワイン好きを数多くキャッチすることができ、近隣のオフィスワーカーが客層の中心になるという当初の想定を覆し、都内全域から目的客を集めることに成功しました。そしてこの層がドリンクを多く注文し、結果として客単価の底上げにつながっているという現状があります。

これはあくまで一例で、もちろん所変われば品が変わり、値段も変わるというのが然るべき姿だと思います。福岡・天神の複合ビルに出店した「おいしいパスタ」は客単価1200円です。この店は僕たちのグループで九州初出店の店だったため、インパクトを出すために「行列のできる店」をめざしたという経緯があります。人が並ぶ店は、回転率が高く、客単価が低くなる。そこで客席数や原価率などから、この客単価をめざしたわけです。

極端な話、客単価数万円の業態をつくれば客数は少なくて済むわけです。そして、そういう業態だって、つくれないことはない。でも、初めて出店する福岡という土地において、一番重要なのは、「まずはわれわれについて知ってもらう」こと。そういった状況で客単価数万円というエクスクルーシブな店をつくるのは最適解で

はない、という判断です。

翻ってコースのみを提供している東京・代々木上原のレストランsio。夜1万2100円、1万5730円、1万6940円の3本のコース（いずれも税・サービス料込み）を用意していますが、もともとは1万2100円のコース1本のみでした。ある時、現場のスタッフから「他の店はどこも値上げラッシュです。僕たちもコースの値段を引き上げたいのですが」と相談がありました。でも当時、1万2100円でちゃんと利益が出るだけの売上げはあったんです。「皆が上げているから」という理由だけで値段を上げてしまうのは本質的ではありません。もっと利益を確保して、より高いクオリティをめざしたいという彼らの気概もわかる。だけど、今の価格で喜んでくださるお客さまがいらっしゃるのであれば、ボトムの1万2100円は変えずに、料理の内容を変えてプラス料金をいただくコースを追加で用意すればよいのではないか、と代替案を出し、今の形に落ち着きました。一度決めた料理の価格を変える、という判断にも、僕たちは敏感でなくてはいけないと考えています。その値段がさまざまな要因から導き出した最適解であるがために、それを変えてしまうのには、それなりの理由と必然性が必要になるからです。

Chapter-3

店 をつくる

多くの人が1度は夢見る「独立開業」。自分にできるだろうかと自問する。

——やれる。確信したら、考えなくてはいけないことは山ほどある。

まずは立地、物件、厨房設計について、詳しく見ていこう。

自分を知る。話はそれからだ

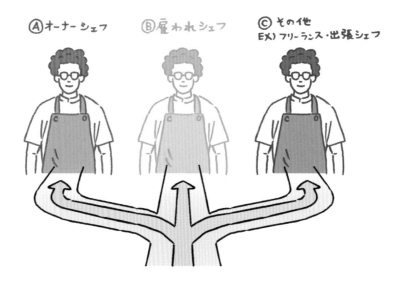

料理界には昔から、料理人として働くからには一国一城の主をめざすべき、という価値観があります。僕は料理人のキャリアのゴールが独立しかないというのは業界として健全ではないと思っていますが、自分自身、キャリアをスタートした時をふり返ると、そういった野望はありましたし、「sio」の前身である「Gris」で雇われシェフとして働いていた頃には、自分の城を持ちたい、もっと自由に自分の料理がしたい、という思いが日に日に増していました。

料理人としてキャリアを重ねていくと、キャリアパスとしては独立してオーナーシェフをめざすか、あるいは雇われシェフをめざすか、という分岐点に差し当たる時があります。もちろん、第三の道として、「店」にとらわれない働き方を探るというのもありますが、キャリアパスとしてはこの2つが未だ主流です。

僕自身は、何かと反骨精神が強く、自分で店をやるんだという思いも強かった。さらにはそのことに自覚的な人間でした。単純に、独立することが自分の資質に合っていたし、それをわかっていたと思うのです。

何がいいたいかというと、独立するにせよしないにせよ、自分をよく知って、適性を見極めた

うえで判断することが重要だということです。独立して初めて輝けるタイプもいれば、雇われシェフとして輝けるタイプもいる。両者は似て非なるもので、求められる資質や適性が異なるのです。

たとえば、職人気質が過ぎる料理人であれば、おそらくオーナーシェフとして人を使う立場にいくよりも、雇われの立場で料理だけに向き合って働くほうがいいでしょうし、人をうまく使えてビジネスセンスに自信がある、という人ならば多少料理の腕が劣っても、オーナーシェフとして充分活躍できるでしょう。

独立には時間もお金も労力もかかる。だからこそ、自分の適性や志向性とのミスマッチがないという前提のもと挑戦しないと、なかなかいい未来が描けません。

これは料理人の世界に限ったことではないかもしれませんが、独立して自分の力でやっていくんだ、という起業家志向のある人は、本当に自分にそうしたやり方が向いているのか、あるいは適性として、どこか組織にいた方がよさそうなのか、今一度見極める必要があるでしょう。

どうやって見極めるかというと、一番わかりやすいのはコミュニケーション能力だと思います。オーナーシェフになると、スタッフやお客さま、外部の業者や他の店のシェフといった不特定多数の人とコミュニケーションを取る機会がぐっと増えます。中でもやはり、スタッフに対しては求める仕事をしてもらうために、時にはいいたくないこともいわなくちゃいけないし、自分がいない時でもきちんと組織として機能するように、特に年長のスタッフたちには自分のイズムや正義、好みを伝えておく必要がある。つまり、自分の中の感情や感覚を、他人にもわかるように言語化できる能力が必要になるのです。僕は、この言語化の必要性にオーナーシェフになってから気がついて、意識的に改善してきました。事あるごとに、「俺はこういう料理が好きなんだ」「こういう人になれるといいよね」「俺はこういうやり方嫌いなんだよな」みたいな形で、自分の気持ちを意識的に口にして、皆に理解してもらおうとしています。

こうした他人とのコミュニケーションを苦に思わない人のほうが、オーナーという立場には向いていると思います。逆に、言葉できちんと伝えられないのに、機嫌や力で相手をコントロールするような人間には、誰だって雇われたくないはず。もし独立をするなら、自分にそうした資質があるか、あるいはそうした努力ができるか、見極めてからにしましょう。

独立開業のボトルネック

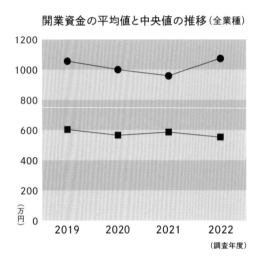

開業資金の平均値と中央値の推移（全業種）

凡例：
● 平均値
■ 中央値

縦軸：（万円）1200 / 1000 / 800 / 600 / 400 / 200
横軸：2019 2020 2021 2022（調査年度）

飲食業・宿泊業における
新規開業資金（2021年度調査）

平均値
1107万円

中央値
800万円

出典：「2022年度新規開業実態調査」、『2022年版新規開業白書』

いざ独立して店を出す、となれば、それなりにまとまった額のお金が必要になります。これがいわゆる開業資金。もちろん規模や立地によって必要な開業資金は変わりますが、東京都内で飲食店をはじめようと思ったら、まず1000万円は必要になってくると思ったほうがよいでしょう。僕たちの旗艦店である「sio」も、15坪とそこまで大きくはありませんが、この規模の店を都内に開こうと思ったら、1500万円ぐらいは確実に必要になります。

とはいえ、ただでさえ少ない給料をコツコツ貯めていくだけでは、自分の店を持つにふさわしいだけの額を貯めるまでにはかなり時間を要してしまいます。料理人に限らず、飲食店を1からつくったことのある人は、金融機関などで借り入れをした人が大半です。かくいう僕も、雇われシェフだった時代に店を買い取るために、実家を抵当に入れて1000万円の借り入れを起こしています。これは誰にでもおすすめできる手段じゃないんですが（笑）。

この開業資金問題がボトルネックとなって、はなから諦めてしまったり、あるいは開業してもすぐに首がまわらなくなったり、という人は多いようです。こうした開業資金の調達という最

初で最大の難関があるからこそ、独立するかど
うか、という点に関しては慎重になるべきだと
思っています。

この章の冒頭でも触れましたが、料理人サイド
に必要なのは、まず自分を知ること。自分は独
立が向くタイプなのか、あるいは雇われとして
シェフや2番手でこそ輝けるタイプなのか。こ
れを見極めるべきです。この適性を知るには、

①コミュニケーション能力があるかどうか

が鍵となります。これに加えて

②人を使えるかどうか

③経営と料理、バランスよく両方できるか

も重要になってくる。そして独立に際して少な
くとも数百万〜数千万円の借金を背負い、数年
間は店を続けなくてはいけない、といったある
種の十字架を背負うことになるため、

④店を続ける覚悟があるか

ということも含め、4つの基準で自分を見極め
ることが有効です。

ただ、料理人の適性や意志の強さだけで成功が
確約されるわけではありません。元も子もない
いい方ですが、結局最後に重要になるのはお金
です。だから僕は、そういった料理人の独立を
見送る元オーナー側にも、スタッフたちの巣立
ちを応援する制度のようなものが必要なんじゃ

ないかと思っています。

独立支援制度というと仰々しく聞こえますが、
僕の会社では、飲食店を複数運営しているので
それぞれでシェフを立て、彼らの料理にファン
がついて、実績も伴うようになって、彼らが独
立を志したら、店ごと買い取ることができると
いうオプションを付けたいと考えています。店
を買い取るための資金の出資はしてあげて、独
立後に返済をしてもらうという形です。ある程
度店としての知名度が上がり、成功の確度が担
保されている状態で、初期投資ほぼゼロでリス
ク小さく自分の城を持つことができる。居酒屋
などを展開する大手外食企業ではこうした取組
みは見られるようですが、レストランや料亭の
ような業態でこのような制度はあまり聞きませ
ん。2号店、暖簾分け、という体裁を採るケー
スがほとんどです。そういうスタイルじゃなく、
買い取った後は元オーナー側はノータッチで、
搾取も口出しもしない。綺麗事と思われるかも
しれませんが、母体である自分たちの会社がう
まく回っていれば、できないことではないと思
うんです。

このような考え方に賛同してくださるレストラ
ンオーナーの方が少しでも増えれば、きっとこ
の業界で輝ける若い人が増えると思います。

立地を選ぶポイント

自分の適性を見極めたうえで、独立すると決め、資金の都合もついたら、業態や、商品、価格帯といったソフト面はもちろんのこと、立地や物件といったハード面を決めていく流れとなります。この順番は人によるとは思いますが、僕自身は、出店する立地や物件がある程度決まってから、どんなコンセプトで何を売るか、というソフト面を固めていくことが多いです。これはその土地柄や、その物件の面積や特徴などから、ある程度の客層を想定することができ、すると自然にそこで何をやるべきかが見えてくるからです。つまり、僕にとっては「やりたいことをやるために物件を探す」のではなく、「その街、その物件でやるべきことをやる」という考え方で、出店をしているわけです。正直「店をつくること」というのは僕にとって目的ではありません。お客さまを喜ばせたい。感動させたい。そのために店をつくって、そこで料理を提供するという手段があるというだけなので、実のところ、"僕自身"の出店におけるこだわりはそこまでないというのが本音です。

この考えを裏付けるように、2023年3月現在、全国に8店舗のレストランを展開していますが、実は僕自身、「こういう店が開きたい」という欲求主体で積極的に場所を探して店を開い

た経験がないんです。では、これらをどういった経緯で出店していったのか? ここからお話ししていきたいと思います。

僕が旗艦店である「sio」をオープンしたのは、2018年7月のことです。その物件にはもともと、「Gris」というレストランが入っていて、僕はそこでシェフを務めていました。Grisで雇われシェフとして働いていくうちに料理人として「もっとこうしたい」「このほうがいいのに」とさまざまな思いがあふれていき、店を買い取ってオーナーになるという選択をしました。そこで新しい物件を探してゼロからのスタートを切るという選択もあったかもしれませんが、Grisでは多くのファンを獲得できていて、地盤ができていましたし、「今と同じ条件でもっと売ってやる」というロックな気持ちもあったんですね（笑）。料理人として独立を考える人には、そうした選択もありなんだということをお伝えしておきたいと思います。

sioとしてオープンしてから、集客力は盛り上がり続けました。そうこうするうちに2号店出店のお話を商業施設からいただいて、「o/sio」出店にふみ切ったんです。その後の「㐂つね」も「ザ・ニューワールド」も、いずれも声をかけていただいて、出店に至っています。

＊ 自主製作ではなく、顧客からの依頼を受けて商品やサービスを制作すること

ある種受け身の出店、ともとれますが、もちろん見ているポイントはいくつかあります。

僕が店の立地を見る時に気にすることは、

「①人通りがあるかどうか」

「②何が求められる街なのか」

「③近隣で競合となりそうな似た店がないか」

この3点です。

①人通りというのは、最低限クリアすべき条件かなと思います。たとえば、すでに名の売れた料理人が都心で隠れ家レストランを開く、というのでもない限り、人目につかないところでの出店は集客の面でリスクしかありません。

②何が求められる街なのかを気にするというのはつまり、その街はどんな雰囲気で、どういう人が多くて、どういう食のニーズがあって、ということを知り、それに合わせて業態を形づくっていくということです。僕の出店の仕方は、クライアントワーク（＊）的考えに基づいています。自分の思いややりたい表現を単に店づくりにぶつけるのではなく、その街から想定される一定の顧客層がいて、その人たちのニーズを読んで自分たちの店という商品をアジャストしていくということです。

③競合、すなわち似た業態や似た価格帯の店がすでにいくつかある立地への出店は、よほどの技術とビジネスセンスがない限り、ほとんどの場合埋もれます。あえてレッドオーシャンで戦おうとせず、自分で新しい立地、新しい市場を開拓するぐらいの意気が大事です。たとえば、東京のオフィス街、丸の内の商業施設に出店している o/sio。ナチュラルワインが売りの店ですが、これを奥渋谷や代々木上原など、ナチュラルワインを売りにした店が並ぶ、成熟したエリアに出店していたら、きっと苦戦していたでしょう。丸の内でナチュラルワインがあれだけ揃っている、そしてカジュアルでおしゃれな雰囲気。そういう店が近隣にあまりないからこそ、頭1つ抜けることができるわけです。

ちなみに、こうした商業施設と路面店への出店は、少し意味合いが異なります。商業施設というのは店休日や設備などの面で施設に従う形になるため制限が非常に多い。また高級感が出しにくい、客層が絞れないというデメリットもあります。一方で、大概は人が集まる一等立地にあるため、集客力や宣伝効果は抜群です。メリット、デメリットがありますが、僕は自分たちの資本力では得られない経済効果があることを知っているし、幅広い層に僕たちの取組みを知ってもらい、次のステージにつなげるという面で、大きなポテンシャルを感じています。

物件のどこを見るか?

ある程度、出店エリア、立地条件が絞れたら、その地域にある物件情報を細かく見ていくフェーズになるかと思います。僕はこれまで何店舗も出店を手掛けていますが、毎回100％満足がいく結果になるかというと、そうではありません。毎回妥協せずに店づくりをしますが、「家は3回建てないと満足のいくものがつくれない」という言葉があるように、何回やっても「こうすればよかった！」という点が後からいくつも出てくるのが店づくりだと実感しています。このため、「繁盛するのはこういう物件」というセオリーは自分の中では確立されていません。そもそも、そんな絶対の勝ち筋のような物件は存在しないんだと思います。ただ、店を回すうえで、あまりに奇抜な形だとか、あまりに厨房が狭すぎるとか、特徴がありすぎる物件というのは難しいだろうなと思います。

もし条件を出すとすれば、「①視認性のよさ」と、「②クセのない四角い形」の2つ。

①に関しては、たとえば人通りの多いエリアであっても、目につきにくい物件、何屋かわかりづらい物件というものがあります。空中階（＊）で、路面に看板を出せない物件というのもあるので、こうなると集客は苦戦します。家賃が比較的抑えられるなどのメリットに食いついてしまう人もいるかと思いますが、そういう人には本当にその物件で人を呼び込めるかどうか、1度熟考してみることをすすめます。

②クセのない四角いハコというのは、店をやるうえで、とても魅力的です。

代々木上原の「sio」は物件として、いわゆるうなぎの寝所のように間口が狭く、細長い形をしています。それ自体はいいとして、この細長い物件の形に沿うように厨房がつくってあるものだから、とにかく厨房の中が細長くて狭い。もういい加減慣れましたが、人がすれ違うのもやっとな空間での調理というのは、オペレーション上、いろんな問題が発生するためなかなかストレスフルです（笑）。

こういったクセがなく、正方形に近い四角形の物件というのはオペレーションを回しやすいというだけでなく、厨房機器や什器、インテリアなどのレイアウトがしやすいというよさもあります。店の中にいろいろなものをきれいに配置できるということは、デッドスペースが生まれにくいということ。店をやっていると、とにかく収納が足りなくなるんです。基本的に、僕が後から「しまった！」と頭を抱えるのはこの収納スペースの不足に対してです。そもそも、飲食店はかなりの量の食材在庫を抱えています。

生ものや冷凍ものの他、乾物系も。加えて、食器類、ファブリック類、調理器具、細々とした雑貨など。これらすべて、一箇所に収められないのが厄介です。これだけ収納しなくてはいけないものがあるうえに、クセがある、凹凸の多い物件だとデッドスペースが発生しやすい。これでは、稼働できるエリアが実際の物件面積よりかなり小さくなってしまいます。食材と一緒で、ロスはなくしていきたいですよね。

正直な話、この2点さえクリアできていれば、僕はそこまでうるさい注文はしません。というよりも、「このエリアのこんな物件ならこういう業態、コンセプトがいいかも」と解釈してハード面に合わせてソフト面を変えてしまう。何度もいうように、立地や物件から店のスタイルを決めればいいという考えなんですね。立地からはある程度の客層やニーズが、物件からは業態が絞り込めるのです。

では、物件と業態の相性はどこで見ればよいでしょう。僕は、物件の面積が業態を左右すると思っています。極端な話、5坪、10坪の物件でレストランはつくれません。あるいは、店舗面積のうち厨房区画が3分の1もの面積を占めている物件だったら、居酒屋などの客数で売上げを伸ばしていく業態よりも、レストランのように客単価で売上げを伸ばしていく業態のほうが向く、という方向性が定まります。物件の坪数や、厨房区画の面積などから、適切な業態やスタイルというのがある程度見えてくるのです。その立地で一番求められるものを、その物件の面積に応じたスタイルで提供する。これが繁盛をつくるための近道だと思います。

とはいっても、立地や物件を決めてから、求められる業態を考えて出店するというのは、誰にでもできることじゃないとは思います。考えることはできても、実際に出店するとなると知識や技術がない、などの理由で苦戦することがほとんどでしょう。僕自身も、苦戦することはたくさんあります。でも、自分がやったことのない業態、料理スタイルの店にもあえて果敢に挑戦しているんです。これは、今のうちにいろんな業態に手を出し、試行錯誤しながらでも経験を積んでおくことで、会社としてのポートフォリオに幅を出して、10年後にどんな仕事、どんな店でもできるようになっていたいから。要は無理矢理にでもバッターボックスに立って球を打ち続けて膨大な経験値を得ることで、将来的にどんな球が来ても安打を打てるようにするための訓練でもあるのです。

<u>実践</u>：物件を見極める

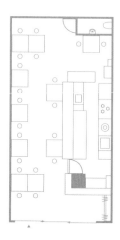
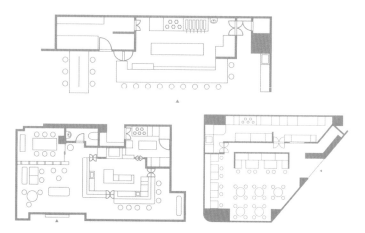

店を新しく開くにあたり、立地選び、物件選びでその勝負が吉と出るか凶と出るか、ほぼ決まるといわれます。実際には、そこでどんな店をつくるかが勝負を左右すると思いますが、ハード面はそれだけ重要な要素ということです。物件に関しては、72ページで視認性がよく、クセのないスタンダードな四角いハコがよい、と僕の思う条件を挙げました。とはいえ、僕たちがこれまで手掛けてきた店も、すべてがこれらの条件をクリアしているわけではありません。実際には、自分の思う条件をすべて満たした理想の物件なんてそうそう現れないものです。実

際の物件は、クセだらけです。でも、だからこそ店に個性や味が出るとも思う。物件の持つクセが、店の持ち味、世界観をつくるのに寄与している。僕たちも、その物件を見て「ああ、この物件はこういう雰囲気をつくれるな。ここでこんな料理を食べたら気持ちがいいだろうな」と中身を決めていったんです。

ここでは、僕たちが展開している8店舗の物件平面図をお見せします。物件の特徴やクセを活かしながら、どんな店にしていったのかを紹介することで、皆さんの店づくり、空間づくりに少しでも役立ててもらえたら最高です。

#sioの場合

東京・代々木上原のレストラン。15坪の細長い店内に、18席を配置。厨房は物件の形に沿って縦長のシルエットで入リロから向かって右側にコンロやオーブン、ブラックなどの火口が並び、向かって左側がコールドテーブル。すれ違うのもやっとの細さだけど作業担当を決めて厨房内での左右移動をなくすオペレーションでなんとかやりくりしている。もともと「Gris」時代は厨房と客席を隔てる仕切り棚があったが、sioとしてリニューアルオープンする際、ハイカウンターとガラスの吊り棚に分け、間の仕切りをなくしてオープンキッチンに。また客席の天井にあった大型エアコンを取りはずし、壁掛け型に切り替えるなど、狭小物件ながら圧迫感をなくす工夫を随所で試みている。

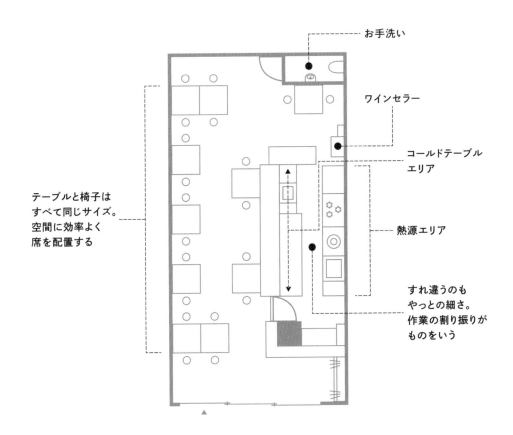

お手洗い

ワインセラー

コールドテーブルエリア

テーブルと椅子はすべて同じサイズ。空間に効率よく席を配置する

熱源エリア

すれ違うのもやっとの細さ。作業の割り振りがものをいう

#o/sioの場合
#o/sio FUKUOKAの場合

東京・丸の内の商業施設「丸の内ブリックスクエア」に入居するカジュアルレストラン。デートや飲み会など多様なニーズを取り込むために個室、長テーブル、ソファ席と3種類のゾーンをつくった。27.87坪35席を配置するが、客席数に比して厨房面積が4.91坪とやや小さめなのが後悔ポイント。特徴は入り口のそばにある建物自体を支える大きな柱。店内にも柱のカーブが食い込んでいるが、この柱一面に、来店した人のサインを描いてもらうなど、インテリアの一部として機能させている。o/sioは2店目を福岡の商業施設「天神イナチカ」に出店していて、こちらは活気の出る大テーブルに加え、カウンター席も用意している。福岡の飲食店はカウンター文化があり、これに即したつくり。

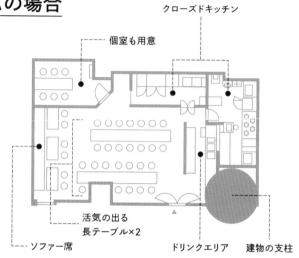

個室も用意
クローズドキッチン
活気の出る
長テーブル×2
ソファー席
ドリンクエリア
建物の支柱

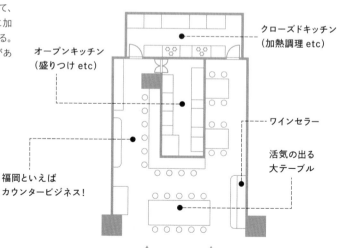

オープンキッチン
（盛りつけ etc）
クローズドキッチン
（加熱調理 etc）
ワインセラー
活気の出る
大テーブル
福岡といえば
カウンタービジネス！

#Hotel'sの場合

Hotel's はホテルのメインダイニングをイメージしたレストラン。エントランス入ってすぐにフロントデスクのようなカウンターを設けている。客席は個室、ゆったりとしたテーブル席、カウンター席と3つに分け、それぞれテーブルや椅子などを変え、雰囲気を違えることであらゆるシーンに対応できるようにした。厨房はガスの火口やオーブンの他、アイランド式のコールドテーブルを備えるクローズドキッチンと、薪窯とプランチャを配する、ゆったりとしたつくりのオープンキッチンの2区画に分けた。物件としては比較的クセのない四角い形で、面積も31.4 坪と申し分のないサイズ感だが、コンセプト上空間をリッチに使うことを心がけているため客席数は 19 席にとどめている。

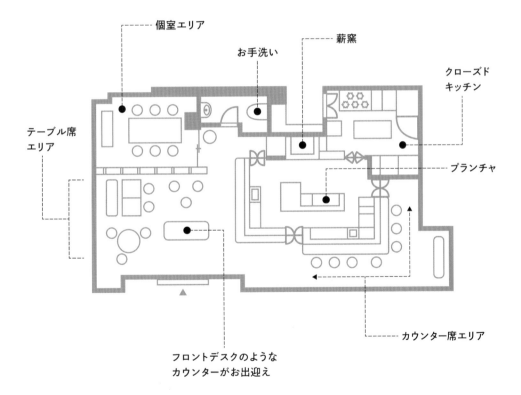

個室エリア

お手洗い

薪窯

クローズド
キッチン

テーブル席
エリア

プランチャ

カウンター席エリア

フロントデスクのような
カウンターがお出迎え

人気のソファー席

細長い厨房。
作業の割り振りがものをいう

空間効率を考え
四角いテーブルに
変更した

純洋食とスイーツ
#パーラー大箸の場合

東京・渋谷の商業施設「東急プラザ渋谷」に入居する洋食店。オーナーはまた別会社で、僕らは業務委託という形で内外装〜メニューに至るまでプロデュース、運営をしている。商業施設の性格上、ピークタイムは一気に混み合うため店舗28坪のうち客席を21坪と広く取っている。「レストランをやるなら厨房面積は店舗面積の3分の1は必要」という持論があるが、この店に関しては客席に対してやや狭く、またsio同様細長いつくりで作業性がよいとはいえず、オペレーションがものをいう。なお、当初客席は四角テーブルと丸テーブルの組合せだったが、丸テーブルをなくして四角テーブルのみとすることで限られたスペースに最大限客席を配置する形とした。

#ザ・ニューワールドの場合

大阪・心斎橋のファッションビル「心斎橋PARCO」の飲食フロア「心斎橋ネオン食堂街」に入居するネオ大衆居酒屋。物件自体は角の多いつくりだが、これによって客席を効率よく配置することができ、またそれぞれのエリアごとに椅子の高さや背もたれの有無などを変えることであらゆるシーンに対応できると考えた。店の顔ともいえるのが、入り口の暖簾をくぐってすぐのところにあるコの字カウンターと、看板メニューであるお通しの焼売を蒸している蒸篭。この入り口のインパクトが集客のフックの1つとしても機能している。店内は34坪58席で、厨房はまたしても細長いつくりでオープンとクローズドの2区画。クローズドキッチンには洗い場などの水まわりを配置している。

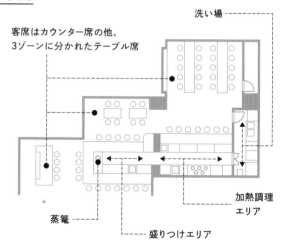

洗い場

客席はカウンター席の他、
3ゾーンに分かれたテーブル席

加熱調理
エリア

蒸篭

盛りつけエリア

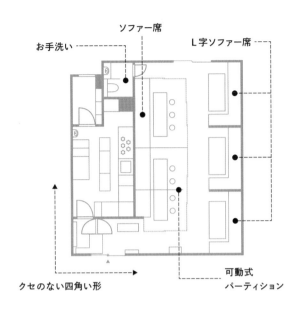

お手洗い

ソファー席

L字ソファー席

クセのない四角い形

可動式
パーティション

#㐂つねの場合

奈良市中心部、中川政七商店が運営する「鹿
猿狐ビルヂング」内に入居するすき焼きレス
トラン。クセのない正方形に近い形の物件に
スケルトン状態で入ることができたため、内
装面は非常にやりやすかった。厨房は物件の
約3分の1の面積を占め、すべてクローズドと
した。客席側に5口のガスコンロやオーブン、
中央にアイランド式のコールドテーブル、奥に
冷蔵庫という配置で、比較的ゆとりのあるつ
くりだと思う。立地柄、親子連れやハレの日
需要、インバウンド需要が多くなると踏んで、
客席は大半をソファ席にすることで、空間を
贅沢に使っている。また、3室ある個室の間
仕切りは可動式のパーティションとすることで、
人数に応じて調整ができるようにした。

#おいしいパスタの場合

福岡の複合ビル「天神ビジネスセンター」に入
居する和風パスタ専門店。1人客が多くなると
考え、客席は 11 席のカウンター席がメイン。加
えてテーブル席を6席分用意しているが、テー
ブル中央には対面席が見えないように間仕切り
を設置していて、グループ客を想定していない。
業態の特性上、空間効率よく客席を配する
ことを優先し装飾などの要素はほとんどない、
簡素なつくりとした。ホールは約 10 坪、キッチ
ンは約4坪、トータル 14 坪弱の規模。厨房に
は5口のガスコンロに加え、グループで初めてパ
スタボイラーを導入した。これら熱源類を配す
る区画と、冷蔵庫を配置する区画はクローズド、
盛りつけなどを行なう作業台、コールドテーブ
ルはオープンキッチンとした。

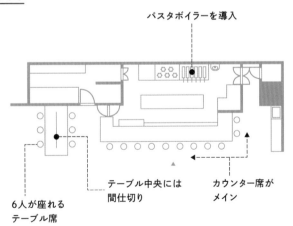

パスタボイラーを導入

6人が座れる
テーブル席

テーブル中央には
間仕切り

カウンター席が
メイン

どんな厨房をつくるべきか

物件が決まったら、その中身を設計・施工していく流れになります。客席を含む店内内装のコーディネイトに関しては次の4章で詳説するとして、ここでは厨房について考えていきたいと思います。厨房に関しては、居抜き物件を借りる場合は前の店舗の時の厨房設備をそのまま引き継ぐというケースが多いと思いますが、スケルトンの場合、基本的には厨房設計士の方と相談しながら、1から決めていくことになります。まず、そうなった時点で店の業態、コンセプト、料理スタイル、メニュー内容などは固めておく必要があります。業態を決めないと、厨房に必要な熱源設備が見えてこないからです。たとえば、鉄板焼き屋であれば鉄板が、フレンチレストランであればガスの火口やオーブンが必要不可欠な熱源である、というように。そして、厨房設計はほとんどこの熱源設備がすべてを左右することになります。

僕はこの熱源の種類と数をかなり重要視しています。特に、レストランや居酒屋をやる場合は、メインの火入れを行なう熱源を2種類以上、想定しておいたほうがいいと思います。たとえば炭火とオーブン、薪とガスコンロ。これは完全にオペレーション上の問題で、メインの火入れはすべて炭火で、となると、炭焼き台の上は常にあらゆる食材で混雑することになるし、焼き台の前に誰かが必ずつきっきりにならなくてはいけません。これが分散されていると、料理の提供に遅れが生じたり、スタッフの負荷や厨房動線が悪くなったりすることを防げます。

コロナ禍真っ只中である2021年10月に、東京・表参道にオープンしたレストラン「Hotel's」には、グループ店で初めて、プランチャを導入しました。プランチャというのはスペイン語で、厨房の作業台に組み込まれた板状の加熱機器、つまり鉄板を指します。スペインではプランチャは、厨房のベーシックな設備なのだそうです。通常のガスコンロは火口1個につき鍋1個、と数の制約が生まれます。ところが、プランチャは鉄板の上に、鍋でも食材でも自由に複数配置して、同時に加熱することができます(もちろんプランチャの広さの範囲内で)。パンでも肉でもソースでも、同時に大量加熱調理が可能になるため、コロナ禍で増えたテイクアウトやデリバリー需要に対応できると踏んで、導入に至りました。

加えて、この店で初めて薪窯を導入しました。ここでメインディッシュの肉料理を焼くことができ、これがHotel'sの目玉の1つになっています。薪や炭火などのプリミティブな加熱調理

Hotel's の
メイン熱源

2021年10月にオープンしたレストランHotel'sの厨房は、カウンター席に面したフルオープンキッチンと、クローズドキッチンの2つのゾーンがある。フルオープンキッチンには薪窯と、調理台組み込み型のプランチャを設置。プランチャ内には4列の電熱線が走っており、それぞれに1つずつ、温度を調整するつまみが付いている。調理中、使用頻度が高いのは200～250℃の温度帯で、主に看板メニューのハンバーガーのバンズなどを焼く。薪はナラの木を使っており、メインディッシュの肉を焼く際などに使用する。

設備というのは、コンベクションオーブンや低温調理器のように便利で新しい機器にはない仕上がりの不安定さがありますが、それが逆に魅力を生むものです。そうした原始的な熱源と、比較的新しく、誰でも操作が簡単な熱源の両軸を厨房に揃えておくことで、料理の表現の幅が広がると同時に、お客さまにとっても目玉となり得る料理や演出が増えると思います。

なお、Hotel'sでは同時に、急速冷却・冷凍機も導入しました。高速で食材を冷却することで食材の中で菌が繁殖しやすい温度帯を短時間で通り過ぎることができる冷却機で、衛生管理に非常に役立つ機器です。こうした機器も、最初の時点で導入しておけるとオペレーション的にも有効かと思います。

とはいえ、機材を揃えるにもお金がかかるし、まずは最低限必要なものだけを揃えて、小さく

欠かせない厨房の相棒

前述の2つのメイン熱源の他、Hotel's では5口のガスコンロ、台下オーブン、スチームコンベクションオーブン（スチコン）などの熱源がある。ガスコンロは、営業中は5口すべてが埋まるという。これはコースの中にパスタがあるためで、麺をゆでる用、ソース用など1品で火口が2〜3個は埋まってしまう。オーブンやスチコンはレストラン必携の厨房機器だろう。また、近年注目を集める機器といえば急速冷却・冷凍機。菌が繁殖しやすい温度帯を素早く通過するとあって、衛生管理の観点から導入に踏み切る店も多い。

はじめて後から買い足そうという人も多いと思います。でも、僕はこの考え方をおすすめしません。最初に多少借金をしてでも、必要な機材、設備は絶対に揃えておくべきだと思います。最初に生まれた「まあいっか」は、悲しいかな、すべてににじみ出てくるのです。1つでも妥協をしてしまうと、料理も接客もその悪いクセが出てしまう。妥協ばかりの店づくりだったら、最初からやらないほうがいいんです。だって、「できる範囲でやればいいや」と思ったら、それがすべてのいいわけになっちゃうでしょう？自分の店なんだから、いいわけの余地がないところまでこだわって、必要なものはすべて買い揃えておくのがいいんです。逆に、それだけの覚悟ができていないなら、今はまだ、店をつくるタイミングじゃないのかもしれません。

Chapter-4

世界観 をつくる

店には、その店にしかない
空気感、雰囲気、世界観
というものがある。

どうやったら
つくれる
のだろうか。

独特なセンスも
オリジナリティも必要ない、
世界観のつくり方を紹介する。

店づくりはトータルプロデュース

料理の軸が定まって、物件も押さえたら、店のコンセプトを内外装や店名、調度品など至るところに落とし込んでいくフェーズに入っていくかと思います。僕は、店づくりはトータルで見るものだと考えていて、立地や物件からある程度の業態、コンセプトが定まったら、後はほとんど決まったも同然というか、その世界観に必要な要素を足したり引いたりするだけだと思っています。

飲食店において、「世界観の構築」はとても大事だと僕は考えています。どうしてかというと、デリバリーやテイクアウトなどの選択肢が充実し、自宅にいてもレストランクオリティの食事を楽しむことができるようになった時代に、それでもなおレストランに足を運ぶお客さまが求めるものは何か。それは体験価値だと思うから。料理も接客も、店の内観も外観もすべてひっくるめたその店にしかない世界観を、お客さまは全身を使って体験するわけです。そこに価値を見出していただくわけです。

世界観に関しても、厨房設備と同じで最初の時点でのつくり込みが重要だと考えていて、少しでも妥協をしてしまうと、それがそのまま店全体に悪影響を及ぼします。オーナー側が、妥協せずに細部にまでこだわって表現した「つくり込まれた世界観・空気」というのは、必ずお客さまに伝わります。「この世界観の中で、この料理を食べるから、こんなに感動するんだ」となるのか、「この店、料理も接客もいいけど、あの内装ちょっとダサいよね」となるのか。僕なら、ちょっと無理をしてでも、最初のつくり込みを完璧にし、前者をめざします。というより、細部までつくり込みをしたことで、多くのお客さまに喜んでいただいたという経験があるからその重要性がわかっているんです。

頑固親父が1人で切り盛りする地元の小汚いラーメン屋を思い浮かべて、「世界観もクソもない、味が旨ければ流行る」という人もいることでしょう。でも、16ページで解説したように、飲食店の体験価値の大部分は「気持ちよさ」がつくるもの。そのラーメンは確かにおいしいかもしれないけど、その店で食事をすることが気持ちいい、というところまではいかないはずです。手っ取り早くおいしいラーメンを食べたいだけならいいけれど、おいしいラーメンが比較的気軽に食べられるこの時代に、おいしさだけで生き残り続けるのは容易ではないはずです。

この章では僕が、今までに手掛けた店の世界観をどのようにつくり込んできたか、店名から内外装に至るまで、多角的にご紹介していきます。

#sioの場合

2018年7月、僕はシェフを務めていた東京・代々木上原のレストラン「Gris」を買い取って、「sio」としてリニューアルオープンを果たしました。sioの世界観をいかにしてつくっていったか、をお話しする前に、名は体を表すといいますから、まず、店名の由来からお話しします。sioに関しては、まず頭文字をs

にしたかったんですね。これはSupremeとか、SOPH.とか、sからはじまるアパレルブランドに好きなものが多かったから。長く付き合う名前ですから、自分が愛着を持てるかどうかは大事です。かつ、2〜3文字の短いものがよかったんです。飲食店をやっていると、店にはひっきりなしに電話がかかってきますし、僕らもかけます。その時に、店名を名乗りやすく、また聞き取りやすいものがいいと思ったんです。じゃあsioっていいじゃん、と。料理の味は塩加減がほとんどすべてを決める

といっていいほど重要な要素。そうしたスタンスも店名から表明できる。そうしてこの名前が誕生しました。

ロゴデザインは、お客さまとして来てくださったことから交流が生まれた、デザイナーの水野 学さんにお願いしました。小文字で sio。オーセンティックでハイクオリティな雰囲気もある書体だけど、あえて小文字にすることでカジュアルさや親しみやすい雰囲気をまとっている。このロゴを目にする度に、「そういう店であり続けなきゃな」と背筋が伸びる

デザインです。

さて、内外装に関してですが、物件自体を Gris から譲り受けたため、いわば居抜き物件のような形で、厨房はほとんど変えていません。外観に関しては、扉を付け替えていて、もともとグレーのフレーム付きのガラス戸から、明るい紺色のガラス戸へ。外から店内の活気を覗けるつくりとしています。

客席は約 600 万円の設計・施工費を投じてつくり変えました。もともと客席側の内壁はコンクリート打ちっぱなしだったのですが、こ

れを白く塗装し、下は紺色の木板張りに。壁には細いフレームの大きな鏡を掛けて、15坪の店内を広く見せ、かつ厨房の臨場感を映す演出も兼ねています。

イメージしたのは、パリのクラシカルな老舗ビストロと、ニューヨークのモダンレストランを融合させたような雰囲気。そこに僕が好きなストリートカルチャーが映し出されたアート作品を散りばめ、思い切って導入したJBLの高音質なスピーカーと、アンプからは僕の大好きなDJの方々がセレクトしてくれた音楽。これら作品や楽曲は不定期で入れ替えたり加えたりしていて、その時々のカルチャーシーンを投影しています。テーブルクロスはなし、カトラリーは各テーブルの引き出しの中。そっけないけど器やグラスは一級品。だから、クラシックさとラフさある。代々木上原という街はハイソでありながらカジュアルな雰囲気もまとっていて、クリエイターのようなおしゃれな人たちが多い。sioではストリートっぽいラフさと、ハイクオリティが共存した空間を体現することで、彼らが集まれるような店にしたかったんです。

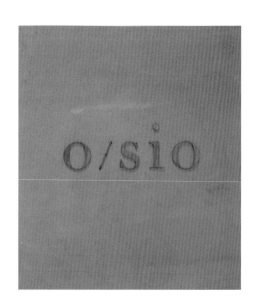

#o/sioの場合

2019年10月に、東京・丸の内の商業施設内にオープンした「o/sio」は、僕たちのグループの2店舗目。いわばsioのカジュアルラインという位置づけでした。この頃になると、sioはありがたいことに常に予約で埋まっていて、かつ客単価も高くなっていたことで、「行きたくても行けない」という声を聞くことが増えて

いました。そういった方々の受け皿になる、入りやすいお店をつくろう、ということで価格帯を落とし、料理もわかりやすく、とつくった店です。丸の内という土地柄、都心で働くビジネスパーソンが、気心知れた同僚や恋人と集まり、話をしながら料理とワインを楽しむ。そんなコンセプトです。オープン当初はナチュラルワインを多くラインアップした気の利いたビストロ、という感じでした。ちなみに、頭の「o」は「お肉」とか「お正月」の「お」みたいなイメージ（笑）。ちょっとした遊び心ですね。

でも、コロナ禍を経て売上げが落ち込んだことで、何かしらテコ入れをする必要性に駆られました。そこでやったのが「ナチュラルワインをめちゃくちゃ仕入れて、そこに特化すること」。今は丸の内で一番ナチュラルワインを置いている店、と標榜しています。これが功を奏して、遠方からわざわざ丸の内をめがけてやってくるお客さまが増えました。

外観と内観に関しては、sio の雰囲気を踏襲しつつも、コンセプトに沿って、よりカジュアルに、誰もが気軽に入りやすい雰囲気をめざしま した。だから、そこかしこにステッカーが貼られていたり、柱には親交のある方が来てくれた時にサインや一言を描いてもらったり。レストランという立ち位置の sio よりも、ストリート感を意識した内装ではありますが、直接お客さまの手に触れるテーブルや椅子、食器類はとてもシンプルで情報量が少ないものをチョイスしています。店の真ん中には2列に渡って長テーブルを置いて、ワイワイガヤガヤとした活況が生まれる空間をめざしました。

ちなみに、料理を提供する器の形はすべてオー

バルで統一しています。これは「気心知れた仲間と話をしながら料理とワインを楽しむ」というコンセプトによるもの。sio のように店自体も料理もハイコンテクスト（＊）ではないため、作家さんの器などは情報量が多く、この店のシーンに向きません。シンプルで、主張がなく、お客さまの話を邪魔しないものが一番だという判断からです。

要するに、世界観をつくる、といっても店主のセンスやオリジナリティがあるものが必ずしも正解というわけじゃありません。その土地で、そのジャンルの料理を欲する人には、どんな空間が最適かを考えて、それを形にするだけなんです。その作業に自信がないなら、とにかくいろんな店を見まくって、真似してみるところからはじめる。今は Instagram でなんでも見れますから。僕自身も、この店はフランス・パリにある「Septime」というカジュアルレストランをベンチマークにしていて、くすんだ深いブルーの外壁、格子付きの窓枠、空間を広く見せる大きな鏡、シェード付きのペンダントライトなどはこの店のアイデアを参考にしています。

＊ コミュニケーションにおいて前提となる文脈、知識といった「暗黙の了解」が多くなること。
料理を食するうえでもこうした予備知識や経験がある程度必要となる場合がある

#Hotel'sの場合

2021年10月、東京・表参道の複合施設「の
のあおやま」の2階にオープンした「Hotel's」
は、まさしくホテルのメインダイニングのよう
なレストランをイメージしました。朝昼夜と開
いていて、どの時間帯に来てもハイクオリティ
な料理を食べられる。入りやすく、間口が広い
のに料理もサービスも上質感がある。高級ホテ

ルって、そんな空間ですよね。
店名もそのまま「Hotel」にしたかったのです
が、宿泊施設と間違われてしまうという懸念も
あり「's」を付け加えました。いずれにしても、
オーセンティックでシンプルな名前にしたかっ
た。また、この業態を横展開しようとなった時
に「Hotel's Osaka」とか「Hotel's Fukuoka」
というふうに、展開しやすい名付けを意識しま
した。ロゴはまたしても、デザイナー水野 学
さん率いる good design company に依頼しま
した。空に向かって羽ばたく鳥は、僕の名字に

着想を得たものだそうで、店の今後の飛躍や成長というニュアンスが込められています。

エントランスを入るとすぐに、チェックインカウンターのようなカウンターが出迎えます。客席にはゆったりと座れるテーブルや個室、カウンター席と3つのゾーンを設けていて、あらゆる需要やシーンに対応できるようにしました。店づくりでベンチマークとしたのはデンマーク・コペンハーゲンのレストラン「Kadeau」。木目を基調にしながらも、凛とした佇まいや、厨房の吊り棚、作業台の見せる収納などのアイデアは、Kadeau を参考にさせてもらいました。

Hotel's でめざしたのは、ホテルのような空間で、お客さまに「感動体験」を提供することです。だから料理はもちろん、接客や調度品、そのすべてで、かなり細かい部分に僕らなりのこだわりを詰め込みました。たとえば椅子。ホテルというのは最上級のリラックス空間だから、お客さまが座り続けることになる椅子は、長い時間座りっ放しでも最高にくつろげるものでないといけません。そこで、いくつもの候補の中から選んだのが広島発の木工家具メーカー「マルニ

木工」の椅子。胃を圧迫しないように背もたれ部分が後ろに少し傾いていて、とても座り心地がいいんです。カウンター席も、椅子の座面とフットレストの高さをミリ単位で計測し、足が宙に浮くことなく、また胃を圧迫しないような椅子を選びました。料理の前と、終盤の2度に分けてお出ししているおしぼりは、今治タオルのメーカーIKEUCHI ORGANICのもの。肌ざわりがとてもよく、洗い続けてもへたらない丈夫さも備えています。これをうやうやしく専用のトレーにのせて提供する(笑)。これによって、

おしぼり1つですが、お客さまから着目してもらえて、より高い解像度で堪能してもらいやすくなるんです。

器に関しては、あえて「sio」で使っているものと比べて一回り小さいものを使っています。これは皿の余白をあえて小さくすることで、料理のカジュアル感、親しみやすさを演出するため。sioに比べると、Hotel'sの料理は文脈がそこまで深くなく、わかりやすいおいしさのものが多い。その間口の広さ、バリアフリーな雰囲気を器からも表現しているんです。

#㐂つねの場合

奈良市の近鉄奈良駅近くに2021年4月にオープンしたすき焼きレストラン「㐂つね」。もともと、なぜか京都・奈良にすき焼きのイメージがあったことから発想しはじめました。すき焼きは文明開化の象徴になった料理で、開化の「化」から「化ける」→「きつね」という連想で店名が決まりました。「㐂」という字を当てたのは、縁起のいい漢字であること、また寿司屋によく使われる文字であることが理由です。寿司屋の持つ高級感と清潔感のある凛とした空気を、この店でも表現したいと思いました。

店が入るビル全体の設計は、美術館やホテル、駅など数々の建築を手掛けてきた内藤廣建築設計事務所。ハイエンドな空間をつくるため、店内もそのままお任せしています。

ちなみに、設計士の方を入れて店づくりをしていく時は「こんな感じで」とかなり大まかに依頼をして、ほとんどお任せします。プロの方の仕事を信頼しているし、話をすれば「いいものをつくろう」と思ってくれていることがわかるから、それを無碍にしてまで自分の要求を伝えようとは思いません。美容師さんに、自分の髪の長さや似合うスタイルを棚に上げて「木村拓哉と同じにしてください」なんていわないでしょう？　それよりも、「少し切って、僕に似合う感じにしてください」と伝えたほうが、気持ちよく仕事をしてくれると思うんです。

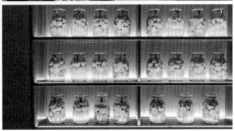

#ザ・ニューワールドの場合

「ザ・ニューワールド」は大阪・心斎橋のファッションビル「心斎橋 PARCO」内に入る居酒屋です。「レストラン出身の僕らが、本気で居酒屋料理をつくったら？」という発想が、起点にあります。店があるのはネオン食堂街という飲食店フロアで、かつオープンした 2021 年 3 月当時のブームもあり、「ネオ大衆居酒屋」をコンセプトに、ネオンカラーを前面に打ち出した店づくりとしました。店名のザ・ニューワールドはまさしく、大阪のシンボル、新世界からのネーミングです。居酒屋らしく、暖簾を出してパイプ椅子や大テーブルを配置しながらも、今

をときめくグラフィックデザイナーの unpis さんにイラストやネオン管アートをお願いしたことで、ポップさや今っぽさ、「ネオ」の部分を表現しています。

ただ、ミシュランのビブグルマンの評価をいただくなど店としては順調に見えるのですが、今後コンセプトから見直しを図ろうか、と考えています。ネオン系の居酒屋が流行っていたから採り入れた部分があったけど、これが時代とズレてきたかもな、とも思っているためです。やっぱり見知らぬ土地で、経験の浅い業態に挑戦することで、時には軌道修正を迫られることもあります。でも、そのつどお客さまのニーズを見極めて、アジャストしていく。そうやって愛される店に育てていけばいいと思うんです。

おいしい パスタ

#おいしいパスタの場合

2022年4月に「o/sio 福岡」と同時出店をした和風パスタ専門店「おいしいパスタ」。どんな料理にも付けられるおいしいという形容詞をあえて店名で標榜することで、この後「おいしいうどん」や「おいしいそば」といった展開ができることを見越しています。かつ、「おいパス」と略すこともできるので、呼びやすく、SNSコミュニケーションの中に自然に採り入れられやすいかな、と考えました。

メニューは約10品のパスタ、客席は17席、内装は白木の一枚板のカウンターに暖簾というシンプルな構成で、オペレーションは単純化し、属人性を下げることで多店舗展開できる業態をめざしました。sioやHotel'sの世界観に比べると、つくり込みが足りないのでは？　と思われるかもしれませんが、これはこのクイックパスタ業態に来店するお客さまのニーズを読んだ時に、入りやすさや客席回転率などの観点から、清潔感はあるけれど、簡素でそっけないぐらいの店構えが最適であると判断したため。

世界観をつくるにも、お金や手間をかければよいというものじゃない。ザ・ニューワールドでの反省も同じ理由なのですが、結局、答えを持っているのはお客さま。僕らが「こんなのいいでしょう？」といっても、それがその土地、その店で求められるかというと、必ずしもそうではないんです。だからこそ、リアルでもネットでも、いろんな街や店を見て、時代やお客さまのニーズを汲み取る必要があるんだと思います。

Chapter-5

チーム をつくる

1人でできることには
限りがある。
店を複数つくれば、
当然そこには人が要る。

どうやって人を育て、
ビジョンを
共有すべきか。

強いチームのつくり方について、
考えてみたい。

両輪あるからできること

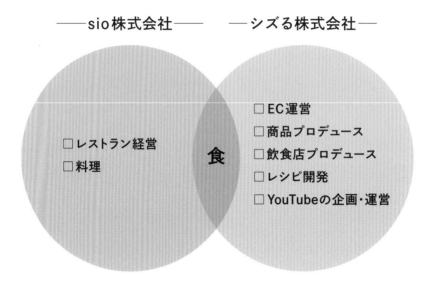

── sio 株式会社 ──   ── シズる株式会社 ──

□ レストラン経営
□ 料理

食

□ EC運営
□ 商品プロデュース
□ 飲食店プロデュース
□ レシピ開発
□ YouTubeの企画・運営

組織の話をしたいと思います。

僕は2018年5月にsio株式会社というレストラン経営のための会社を設立し、雇われシェフをしていた東京・代々木上原のレストラン「Gris」を買い取って「sio」としてリニューアルオープンさせました。以来sio株式会社では、sioをはじめとする飲食店を東京、大阪、奈良、福岡の4拠点に8店舗展開しています。

その一方で、YouTubeで動画を配信したり、外食企業や食品メーカーと協業して商品開発を

したり、また僕たちオリジナルでお菓子や調味料、エプロンなどの商品を生み出し、ネットショップで販売したりもしています。要は、飲食業と、それ以外の2足のわらじで僕らは生きています。もともとは、これらすべてをひっくるめて、1つの組織でやっていました。ただ、2021年4月にシズる株式会社を設立してからは、飲食店経営を担うsio株式会社と、それ以外を受け持つシズる株式会社という2社体制で、両方の仕事を並走させるようになりました。

＊ 商品やサービスを顧客が購入した際に、そのつど売上げが成立するビジネスのこと。小売業や飲食業がこれに該当する。一方で、ストックビジネスは顧客と長期的に契約を交わし、継続的に収益を得ることができるビジネスモデル。インフラ事業などが代表格

シズる株式会社を設立したのは、コロナ禍真っ只中で、壁にぶち当たっていた時です。何度も発出される緊急事態宣言、時短営業要請、アルコール類の提供停止要請など、飲食店にとってライフラインともいえるものが、幾度も断たれたタイミングでした。このまま飲食店経営だけに軸足を置いていたら、たくさんの従業員やお客さまを幸せにすることは、難しいんじゃないだろうか。あの時、きっと多くの料理人が、そう感じていたと思います。

飲食店というのは、お客さまが店に足を運んで料理を注文し、お代を払ったタイミングで売上げがようやく発生する、フロービジネス（＊）に該当します。お客さまが足を運ぶことが難しくなったり、あるいは営業時間や注文範囲が狭まることが理由で、そもそもの注文数が落ちたりしてしまっては、売上げも落ち込みます。こうしたビジネスモデル１本でやっていくことのリスクを、コロナ禍で思い知りました。

そこで、飲食業で何かダメージが生じても、それが組織全体の致命傷にならずに済むような組織体制を築くしかない。そう考えて、飲食以外の仕事を積極的に引き受けていく会社を立ち上げたわけです。メンバーには、クリエイティブディレクターやマーケターといった、僕らとは異なるバックボーンを持つ心強い仲間たちがいます。僕は、この会社を食のクリエイティブカンパニーと位置づけていて、食を軸にして、コミュニケーションやデザイン、PR といった仕事を全力でやっています。

今、sio 株式会社、すなわち飲食業のほうではさまざまな挑戦を続けています。僕らにとって、未経験の業態の出店や、未知の土地での出店などがそれに当たります。

資金繰りはもちろん、スタッフが増えたことでの人問題などでつまずくことも多いのですが、シズる株式会社での仕事が比較的順調に軌道に乗ったことで、組織として根底からぐらつく、という状況を避けることができています。

たとえば、２社あることであらゆる局面でサポートし合えたり、それぞれのノウハウや知見を共有し合えたり、スタッフや店自体の成長が鈍化したような思いに駆られた時には「今は階段でいう踊り場のフェーズ。待ちのタイミングなんだ」と心に余裕が持てたり。それぞれ事業領域の異なる２社を持つことで、互いに支え合いながら相乗効果も生み出せる。飲食業のウィークポイントをカバーするための、１つの有効な筋道を後進に示すことができたんじゃないかと思っています。

sioイズム

どんな組織にも、その組織で大事にされている主義主張、モットーのようなものがあります。僕の店、僕の会社ではそれが「幸せの分母を増やす」こと。1人でも多くの人を幸せにする。すなわち幸せの総数を増やすことが僕らの大きな目標です。この目標に少しでも近づくために、重要視をしているのが「**①手段と目的の明確化**」と「**②目盛りの細かさ**」。これは僕自身が料理をするうえでとても強く意識していて、スタッフたちにもことあるごとに伝えている考え方です。

①手段と目的の明確化

僕はレストランを経営していますが、それは「レストランを経営したいから」ではありません。「1人でも多くの人に、喜んでもらいたい」から。その手段として「料理」を選び、「レストラン」という形を採っているのです。僕にとって、今展開しているどのレストランも思い入れの深い店ですが、でもすべて、お客さまに喜んでもらうための手段に過ぎません。

結局のところ、客商売といわれるビジネスにおいては、「答えはお客さましか持ってない」んです。シェフやスタッフがいくら「これが正解」と思って提案しても、それをお客さまが選ばな

かったり、喜ばなかったりしたらそれは不正解。だって、そういうビジネスですから。だから僕は、「お客さまが喜ぶことならなんだってやりなよ。そのために何をするのか、手段を考えるのが自分たちの仕事でしょう？」というスタンスです。まさにクライアントワーク。そしてその手段の1つが、この本の冒頭にあるおいしさをつくるロジックだったりするわけです。

でも、この手段と目的が自分の中で明確化できていれば、何かでつまずいた時に答えがある方向を示してくれると思うんです。たとえば、僕たちの仕事でいったら、盛りつけで迷った時。「かっこよく盛りつけたいのか」それとも「お客さまが食べやすいように盛りつけたいのか」。長く勤めてくれたスタッフが辞めるのを引き留めたい時。「店が回らなくなるのを避けたいから止めるのか」それとも「長期的に今いる他のスタッフを育てたいから引き継ぎの間だけ留まってもらうのか」。

目的が揺るがなければ、採るべき手段の形も自然と見えてきます。この2つをきちんと区別しなかったり、目的を見失ったりすると、軸がブレたり、トラブルになったりもするんです。

かくいう僕も、実は昔は「料理を通じて自分を表現したい、評価されたい」という気持ちがあ

りました。つまり、料理を通じて自己表現することが目的で、毎日仕事をしていたのです。自分が思うような表現を、料理を通じてもっと自由にやりたい。そんな思いもあって、雇われシェフをしていた「Gris」を買い取って、オーナーシェフとして「sio」をオープンしたんです。

でも、sio をオープンして1年が経って、ミシュランガイド東京 2020 で一つ星の評価をいただいた頃に、自分が変わったことを感じました。正直、ミシュランガイドというのはこの仕事をしていたら、見ないふりをしていてもどうしても目がいってしまう。どこかでやっぱり、自分自身もめざしていた部分がありました。だけど、一つ星の評価をいただいた時に、普通なら「次は二つ星だ」となりそうですが、そうはならなかったんですよね。「認めてもらえたんだ」という気持ちが生まれたからなのか、自分ばかりを向いていたベクトルが、まわりのお客さんに思いっきり向き直ったんです。その時点を境に、自分にとってレストランで料理をするということが、目的から手段に変わりました。

もう1つの②目盛りの細かさについて。
これは、解像度の高さともいい換えができるかもしれませんが、とにかく細かい目盛りでいろ

んなものを見るべきだという考え方です。
僕がレストランでスタッフに注意やアドバイスをする時というのは、この目盛りの細かさが足りないよ、ということがほとんどかもしれません（笑）。

24 ページでも少し触れましたが、たとえば料理1つとっても、「おいしい」「おいしくない」という粗い尺度で測るんじゃなくて、どんな見た目で、どんな香りで、どんな食感で、どんな温度で、どんな味があるのか。だからこういう印象を抱くのか。そんなふうに、細かく捉えることが大事だという価値観です。神は細部に宿るという言葉の通り、そういう目盛りの細かい調整の積み重ねで感動は生まれるものだと、僕自身、身をもって実感しているのです。料理だけじゃない。部屋の温度は心地よいだろうか。おしぼりの温度や柔らかさはほどよいだろうか。お水は。音楽は。椅子の高さは。照明の明るさは。細かく見ようと思えばキリがありません。でも、そのすべてにこだわって、そのすべてにおいて最適解を提供することができたら、1人でも多くのお客さまを喜ばせることにつながらないだろうか。幸せの総数を増やすには、そういう緻密さが必要なんじゃないだろうか。そんなふうに考えているんです。

チームメンバーに求めること

主に飲食店経営を担う sio 株式会社、それ以外の仕事を担うシズる株式会社のいずれの組織も、規模が大きくなるに従って、メンバーの数が増えています。増えれば増えるだけいろんな考えの人が入ってきて、1つの店でシェフをしていた頃には遭遇することのなかった問題にぶち当たることもしょっちゅうです。人を育てる、そしてチームをつくるということに関しては、僕もまだまだで、試行錯誤の日々ですが、大切にしていることもいくつかあるので、ここで共有したいと思います。

僕がチームメンバーに求めることは、そんなに多くありません。

①当たり前のことは当たり前にやろう

個々人の特性やスキル、センスで差が生まれるのはしょうがないけれど、誰もが当たり前にできることは、100％の力を出してやろうよ、ということです。挨拶とか、返事とか、掃除とかには、特別なセンスもスキルも必要ないじゃないですか。だからなのか、そこを軽んじる人がとても多いのも事実です。でも、普通にやれば当たり前にできることをしなかったり、力を入れなかったりするのはよくないことです。だから、僕が各店舗に出向いた時には、棚の上にホ

コリが残っていないかとか、グラスが曇っていないかとか、細かいところをお姑さんのように見ていきます（笑）。みんな、ちゃんと掃除してくれているだろうかと。当たり前のことを当たり前にできない人が多いからこそ、当たり前にできる人は評価されるんです。そう考えると、できることから着実にやっていくのが評価されるための一番の近道だと思いませんか。

②レスポンスを必ずすること

レスポンスの有無や速度の重要性については常々いっています。

たとえばチャット。僕たちの組織は店舗が複数にまたがり、地域もメンバーもバラバラで、トップである僕も常にいろんなところを移動しているため、チーム内でのコミュニケーションはチャットがベースになっています。その中で、毎日の収支報告や、営業中の反省点やよかった点などをシェアし合っているわけですが、こうした報告を読んだら、何かしらのレスをその場でしてほしいと伝えています。それが「了解」でもいいし、「後で確認します」でもいい。1度目にしたものに対しては、レスポンスをしてあげないと、相手が困ってしまいます。そして「これやっておいて」と指示を出したことを、

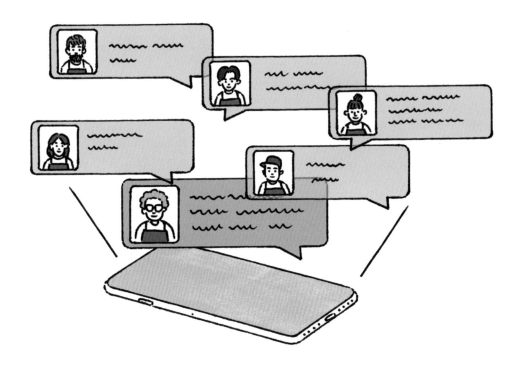

きちんとやってくれているかもとても重要。これも、広義でのレスポンスだと思います。営業中は忙しくて手が回らないこともあるかもしれません。でも、それなら「明日やります」でもいいわけです。指示されたことをやらずにそのまま何もいわないのは怠慢に過ぎません。

これらレスの有無や速さというのは、信用問題に関わること。結局、人として当たり前にするべきことや、与えられたタスクをきちんと実行できるかどうかということで、その人の信用は

積み上がっていくのです。

③信用と信頼を積み重ねていこう

別にこれは、僕らの組織だから大事だといっているのではなくて、社会人になったら誰にとっても「信用と信頼を積み重ねていくこと」が重要になるものだと思います。

ちなみに、信用と信頼というのは少し違うと思っていて、信用は日々の実績。毎日8時に出社してくるスタッフが、8時を過ぎても来な

かったら心配される。これは、「彼は時間通り
に来る人だ」と信用されているからです。

信頼というのは、信用を積み重ねた先に、プラ
スαの人間性が加わった時に生まれる感情だと
思います。たとえば、店のお金がなくなった時、
「彼だけは犯人じゃないな」と信じてもらえる
かどうか。これは、日々のタスクを当たり前に
こなしたうえに、プラスαの人間性のよさが感
じられないとなかなか生まれない感情です。そ
してその人間性というのは、どこを基準にして
よしあしを測るかというと、物事を自分じゃな
くて、相手主体で考えられるかどうか。そこが
肝な気がします。「自分が自分が」じゃなく、「相
手はどう考えているんだろう」と想像して、そ
れを実行に移せる力。これが信頼をつくる人間
性だと僕自身は感じています。

チームメンバーに求めることはそのぐらいで
す。でも、これをスタッフ全員に浸透させるこ
とがなかなか難しい（笑）。口でいって100％
理解してくれる人もいれば、そうでない人もい
る。そもそも僕は常に店にいるわけではないの
で、スタッフを集めて直接いう機会がなかなか
ありません。

ではどうするかというと、シェフやマネー

ジャーを、僕と同じような視座で組織を見渡せ
るくらい育てる必要があると考えています。そ
して彼らに、僕の代わりとして下のスタッフた
ちにこれらの考えをシェアしていってもらう。
組織がある程度の規模になってくると、そうし
たシステムが必要だなと感じます。今はまだ、
理想的に機能してはいませんが、自分と同じよ
うに、シェフやマネージャークラスのスタッフ
たちが僕や会社の考えをわかりやすく言語化で
きるよう、彼らには料理以外のさまざまな経験
を積ませています。やっぱり、職人の世界です
から、言葉ベタな人も多いです。僕も最初はこ
こまで自分の考えを論理的に整理して伝えるこ
となんてできなかった。正直、パッションと感
覚だけで乗り切っていました。だけど、自分が
シェフになって、組織も大きくなってくると、
「全然言葉、必要じゃん！」と気づきます。人
間力でチームを引っ張る、ミスター長嶋スタイ
ルではレストランはうまく回らなかったんです
ね（笑）。だから、僕も自分の考えを他の人に
伝える必要性に駆られて、自分の言葉でなんと
か他人に伝える努力というものをしてきまし
た。僕の下で店を支えてくれているスタッフた
ちにも、そんなふうに自分で言葉を紡いでいけ
る料理人に育ってほしいと思っています。

Chapter-6

ファン をつくる

お客さまを魅了し、感動させることで
ファンになってもらうことは、
サービス業において
必要不可欠なことだと思う。

そしてその舞台は今や、
リアルの店舗だけでは
なくなっている。

必要なのは愛と想像力

1人でも多くの方にお店のファンになってもらうため、お客さまとのコミュニケーションにおいて気にすべきことがあります。重要なのは、そこに愛があるかどうか。それに尽きると思います。純度の高い愛情をお客さまに対して抱けるかどうか。愛情というのは、端的にいえば「お客さまが喜んでくれることを自分も同じように喜ぶことができるかどうか」ということだと思います。この気持ちがあれば、お客さまが喜んでくれたら僕たちの幸せにつながるし、逆にお客さまが少しでも不満や嫌な気持ちを覚えたら、真摯に受け止めることができるからです。お客さまに接するうえでは、そうした愛を持った行動ができているかを自問しますし、スタッフにも同じように問いかけます。

愛がある、ということを前提として、もう少しビジネスの観点からお客さまとのコミュニケーションについて掘り下げてみたいと思います。お店に来てくださったお客さまに対して、まず店側は、どれだけの情報を引き出すことができるかが重要になってくると思います。

たとえば、お店にお客さまがお越しになった際、僕らは失礼にならない範囲でお客さまの服装や持ちもの、身なり全般を意識的に見ます。複数でいらしたら、どんな会話をされているか聞きますし、仕草なんかも観察します。これらはお客さまの人となりやお好み、レストランの利用目的などの情報がアウトプットとして表れるもの。このアウトプットされた断片的な情報をインプットして、お客さまが好みそうな話題や情報を的確に紡ぎ出すことが大事です。そのテーブルに主にどのサービススタッフを向かわせ、ど

んなふうに料理やワインの説明をしてもらう
か、どんな話題を向けてみようか、と接客をコー
ディネイトしていくわけです。要は店側の采配
のためにお客さまの身なりや仕草、会話などを
観察するわけですが、これはお客さまにトータ
ルでレストランを楽しんでいただきたいという
愛が前提にあるからこその行動だと思っていま
す。

たとえば、落ち着いた雰囲気の男女のカップル
がいらっしゃって、グラスを回しながらワイン
を味わっているとします。そういうテーブルに、
ワインにあまり詳しくないような新人スタッフ
を向かわせると、ミスマッチが起きることが予
測できます。おそらく2人はレストランで食べ
慣れていて、ワインにもある程度詳しい。そう
いう方々には、ワインについてていねいに説明
ができて、かつスムーズにお客さまをエスコー
トできる、場数を踏んだスタッフを送り込みた
いところです。

僕たち料理人は、基本的に食事中のお客さまの
反応をつぶさに見ることはできません。だから
サービススタッフに客席を預けるわけです。僕
が彼らに伝えることは、「お客さまの最初の一
口目、注視しておいて」ということ。

一口目の反応からは、そのお客さまの店への印
象というものが透けて見えます。要は、この後
ホームゲームになるか、アウェイゲームになる
かが見抜けるのです。何日も前から予約してく
ださって、来店をとても楽しみにしてくださっ
ていた方は、食べる前からワクワクが伝わって
くる。そしておいしい、と思ったら、一口目か
らそれとわかる反応をされることがほとんどで
す。「おいしいね！」と言葉にしてくれたらしめ
たもの。僕らのホームゲームです。

ですが、「ん？」という反応をされることもゼ
ロではありません。こうなるとアウェイ。そこ
からお客さまに喜んでもらうために、どんなこ
とができるか、とサービススタッフがあれこれ
思案します。料理をお客さまによって逐一変え
ることはできないけれど、サービスなら変えら
れる。そこがレストランの強みです。料理の説
明の仕方に工夫を凝らしてみたり、お客さまに
「お口に合いましたか？」と聞いてみたり、そ
の内容を厨房にフィードバックし、料理人側で
変えられる部分があれば変えてみたり。お客さ
まが発するリアクションを受けて、攻め方を考
える。店において、お客さまと接する時間が一
番長くなるサービススタッフたちには、このお
客さまの反応や情報を「受け」、いかに「攻め」
るかを考えるように伝えています。

SNS生存戦略

僕は今、Instagram、Twitter、noteという3つのSNSと、YouTubeへの動画のアップロードという形で、ほぼ毎日休みなくオンラインでの発信をしています。会社全体でやっていて、すべてのアカウントを合わせると、総フォロワー数は90万人（＊）にも上ります。

いち料理人でありながら、これだけ熱心にSNSをやるのは、第一にファンの方との心の距離が近くなるから。お客さまや将来お客さまとなる方に喜んでほしい、そんな思いがあるためです。第二に無料だから。リアルタイムでの告知や、インフォメーションが無料でできる。この機能は、使わない手はありませんよね。

これらはいわば、社外向け、対外的にSNSを使う理由ですが、もう1つ、社内的な理由もあります。それは、会社代表としての考えをスタッフに向けて見える化しておくという側面があるということ。

現在、公式にSNSをしている料理人をはじめとする飲食従事者の方は、前者、すなわち「対お客さま」の視点で発信していることがほとんどだと思います。もちろん、これは重要な視点ですが、もう1点、「対社内のスタッフ」という視点も持っておくことが、今後求められていくんじゃないかと思います。会社のトップである自分の考えをオンライン上に発信し、見える化しておくことで、社内のスタッフたちがいつでもそれを参照し、インプットすることができる状態をつくる。もちろん、オフラインでのコミュニケーションが充分にとれていることも大切ですが、僕は常に店にいるわけではないので、オンラインは1つの情報発信、伝達の場として欠かせません。シェフが面と向かって時間を設けて自分の考えやビジネスについて話をすると、口うるさく感じたり、プレッシャーを感じたりするスタッフが出てくるかもしれない。その意味でも、組織のトップがオンライン上に考えをテキストとしてアウトプットして、間接的にスタッフに伝えておくというのは意味のあることなんじゃないかと思います。

さて、SNSと一口にいっても、プラットフォームによってかなり性格が違います。テキスト主体のTwitter、写真主体のInstagram、日記のようにボリュームのある文章をアップすることができるnote、そして動画のYouTube。プラットフォームの性格が違えば、発信する内容や発信の仕方も変えていくのが自然です。ここでは、それぞれのSNSの性格に即した僕なりの発信戦略をご紹介します。

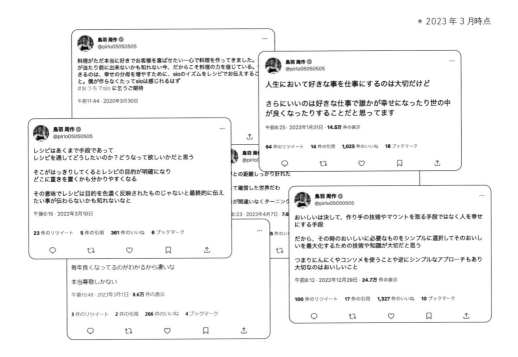

#Twitterの場合

Twitterは更新頻度でいうと一番高いかもしれません。これは自分発の情報発信だけでなく、他の人のツイートへのリプライやリツイートなども多いためです。即時性に長けたプラットフォームなので、日々の投稿はYouTubeやnoteなどを更新した際やメディアに出た際のお知らせが中心ですが、時折自分の料理観、仕事への向き合い方など熱い投稿もしています。

今は長文の投稿もできるようにはなりましたが、やっぱりTwitterといえば限られた文字数というのが1つの特徴でした。自分発の投稿で気をつけているのは、この限られた文字数の中にいかに情報を詰め込むかと、読んだ人が共感できる内容かどうかの2点です。

僕がTwitter上で交流のある方というのは、実は同業の方よりも、クリエイターや起業家の方が多いんです。だから、全部が全部そうではないにしても、そういった層に刺さりやすそう、共感してもらいやすそうなネタ選び、言葉選びというのは意識しています。

#Instagramの場合

Instagramは当然、写真中心の投稿です。ビジュアルに特化したアプリだから、キャプションなどは長々と書かず、あくまでその投稿写真ですべてを伝える場と認識しています。アカウントは自分個人のものとそれぞれの店舗ごとのもの、そしてレシピに特化したものと大まかに分けて3種類動かしています。自分個人のアカウント以外は他のスタッフに更新してもらうことが多いですが、コメントやダイレクトメッセージといったフォロワーからのアクションに関しては、僕自身でもすべて目を通すようにしています。それぞれ棲み分けもしていて、僕個人のアカウントに関しては、自分の好きなファッション関連の写真や、他のお店に食事に行った際の写真、その他シズる株式会社で受けた仕事のご報告といった内容をラフに投稿しています。店舗それぞれのアカウントは営業時間の案内やメニューにラインアップしている料理の紹介、イベント情報や、空席情報の発信などに特化しています。レシピアカウントに関しては、もちろん料理のレシピを発信しています。とはいえ、Instagramのアカウントですから、レシピはテキストではなく画像としてアップしていて、補足があればキャプションでフォローする、というスタイルとしています。

ちなみに、僕個人のアカウントで、料理に関係ないことも積極的に発信しているのには理由があります。それはブランディングのため。店がブランディングをするのが当たり前の時代、シェフにだってブランディングは必要です。僕はファッションアイテムやコーディネイト関連の投稿を多めにすることで、「おしゃれな料理人」枠を取りにいこうとしています。実は、都心で活躍している料理人なら、SNSでインフルエンサーになることはそう難しくありません。だからこそ、その中で自分の色を出して、確たるポジションを築く必要があります。ただの料理人として発信するのと、「○○な料理人」として発信するのとでは、見る人の印象が異なる。後者のほうが圧倒的に覚えやすいし、拡散しやすいわけです。そうやっておしゃれな料理人として認識されることで、たとえば2つのファッション誌で連載をさせてもらったり、僕の大好きなスニーカーブランドのニューバランスさんと仕事をさせてもらったり。ファッション関連の仕事まで活動領域が広がり、店としても名前が知られて好循環が生まれました。

「自分がこう見られたい、こう思われたい」と考えて発信するよりも、「こういう見られ方をすると店や組織にとって、どんなメリットがあるか」を考える。そうすると、SNSでのブランディング方法が見えてくるはずです。そして、ブランディングにはビジュアル主体のInstagramが最適だと考えています。

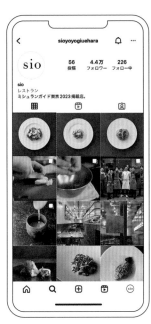

#noteの場合

noteはテキストを中心に、画像や動画などを配信することができるウェブサイト。ブログのように活用している人が多い印象です。僕が記事を書く時は、わかりやすい写真を織り交ぜた比較的長めのテキストが多いです。投稿しているのは自分の店や会社について、外で受けた仕事について、自分の仕事への向き合い方についてなど、とにかく「熱い思い」を言葉にした記事ばかりです。noteに自分のマグマのような思いを書き記し、Twitterで拡散する。そういったサイクルで運用しています。このためか、Twitterのフォロワーとnoteの記事の読者層が比較的重なっている印象です。

ただ、noteはTwitterと違って文章が長く、そのページの滞在時間も増えるため、よりコアなファン、僕や僕たちの店により強い興味を持っている方が見に来てくれます。だから、そういうことも見越して「ある程度僕らのことを知っている人」をターゲットにしたコアな内容、言葉の選び方というのを心がけています。

#YouTubeの場合

泣く子も黙る動画配信サービス YouTube。僕はたくさんの方にリクエストいただいたことがきっかけで、2021年5月に「鳥羽周作のシズるチャンネル」を開設しました。レシピの紹介がメインではありますが、料理人目線から、一般の家庭に向けて「この料理、こう食べるとおいしいよ」「この調味料を使っています」「この食材はこう使うんだよ」というような食の情報を発信していけたらと思い、はじめました。

動画を観てくださる方々に喜んでいただきたい、という思いが大前提としてあるわけですが、ビジネス的な目線でいうと、YouTubeを続ける狙いが2つあります。1つは企業広告や商品開発、監修といった案件を獲得すること。僕らが動画をアップロードし続け、たくさんの方が観てくださる限り、僕らに案件を委ねる企業側にとっても、多くの消費者にリーチできるメリットがあります。

もう1つは知名度を高めること。僕たちの店に来たことがなかった人にも僕らのことを知ってもらうことで、興味を持っていただき、ゆくゆくは集客につなげたい、という思いがあります。動画内では店の宣伝や、店でお出しする料理をつくることはほとんどしていませんが、「YouTubeを観て来ました」といってくださる方が本当に増えました。多い時は、ディナー営

人気の動画 ▶ すべて再生

#シェフのワンパンパスタ ▶ すべて再生

鳥羽周作のシズるチャンネル ▶ すべて再生

シェフのパスタ ▶ すべて再生

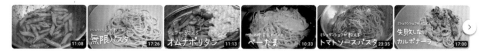

業10組中10組すべてがYouTubeきっかけでの来店なんてことも。すごいことですよね。

でも、でたらめに動画をアップし続けるだけでは視聴回数やチャンネル登録者数は伸びません。動画の構成やレシピの選び方などは、かなり気を配っています。僕が動画の中で特に重要視しているのがキャッチーさやおもしろさ。レシピ動画がたくさんある中で、せっかく僕らのチャンネルに来てくれたのだから、楽しんでほしいし笑ってほしい、そう思っています。

たとえばパスタレシピを紹介する時は、動画の冒頭で「どうも、アル・デンテです」と名乗り、家庭用レシピを紹介する時は「こんにちは、う

ましうま男です」と自己紹介する。意味がわかりませんが（笑）、でも掴みのインパクトは重要なんです。キャラ設定や、言葉遊び、歌ネタといったクスリと笑ってもらえるギミックを動画のところどころに散りばめることで、「ただのレシピ動画」で終わらないようにしています。あとは、その時世の中で流行っているキーワードや商品などをレシピ選びや話題に反映するようにしています。要は動画1本撮るにもマーケティング視点が重要なんですね。そういう積み重ねで、単にレシピを知るためだけじゃなく、画面越しの僕らのコンテンツを楽しむために動画を再生してくれる方が増えるのだと思います。

SNS上のファンコミュニケーション

SNS上で顔と名前、店名を公表して発信をしていると、お客さまや、将来のお客さまとの接点が自ずと増えます。でも、オンライン上でのやりとりは相手の顔が見えないからこそ、店での接客とは違うところに気をつけなくてはいけません。オンラインでのお客さまとのやりとりで重要になるのは「マメさ」。僕はとにかくマメなんです。こう見えて（笑）。

あらゆるコメントやリプライ、ダイレクトメッセージに、可能な限り即レスを心がけています。それが「はい」や「嬉しい」だけでもいい。とにかくそのコメントを見ているよ、ということを伝えるべきだと思っているんです。

僕はSNSのフォロワーや、YouTubeを見てくださる視聴者の方に対しては、友達のような感覚でいたいと思っています。友達だからこそ、そこには人としての愛情もあるし、何かコメントをくれたらできる限りすぐに返答する。友達としては当たり前のことを、当たり前にするということです。逆にいえば、こうした愛情を持つことができないのであれば、SNSをすべきではない、とさえ思っています。

コメントやリプライなどの、僕に対しての直接的な発信に限らず、僕や、店について発信している人がいないかをキーワード検索するエゴサーチも頻繁にします。これには、お客さまのポジティブな声や意見を拾い、拡散するという目的の他に、リスクヘッジという側面もあります。自分たちの料理や接客について、知らないところで間接的に語られるということは、ネガティブな意見も飛び交いかねないということ。もちろん、事実をベースに「自分には合わなかった」といわれてしまうのは仕方のないことだし、そうした意見から学ぶべきことも多いです。

でも、ちょっとしたボタンの掛け違いや誤解で、ネガティブな思いをした方がいたとして、その方が声高にそれを発信してしまったら、僕たちにとっては大きな損害につながりかねません。だから、その炎上の火種を消すという意味合いでも、エゴサーチを頻繁にして、誤解がありそうだな、というコメントを見つけたら、こちらからアクションを起こします。ネガティブコメントやクレームに対しては、まずは「お礼から入りなさい」とスタッフたちには口すっぱく伝えていて、来店してくれたことやコメントしてくれたことへの感謝を最初に伝える。その後何がよくなかったかきちんと説明してもらい、今後どうしていくかをこちらから説明する。そしてなんとか双方が納得のいく着地点を模索する、という流れを大切にしています。

Chapter-7

数字 をつくる

幸せの分母を増やす。
この大きなミッションを
実現するには、お金が必要になる。

いかに売上げを伸ばし、
利益を確保し、
給与として還元できるか。

僕らは料理と同じぐらい深く、
数字のことも、
学ばなくてはいけない。

お金について、思うこと

料理人をやっていると、店の売上げや利益、シェフの給与、スタッフたちの給与など、お金の話をすることが悪いこと、という風潮が業界内にあることに気づきます。もっといえば、店として売上げを上げよう、繁盛させようという野心を悪しきものとして見る風潮すらあります。職人の世界だから、数字はともかく手技を磨け、という文化なのでしょう。

でも僕は、店で働く人間として、数字にコミットしようという姿勢を持つことは、非常に大切なことだと考えています。僕自身、店を買い取っ

てオーナーシェフになってから、収支を細かく見るようになって、自分の視野と解像度が大きく変わったことを実感しています。まず、1ヵ月、2ヵ月、という単位で考えていたことが、1〜3年スパンで考えるようになって、より長期的な視野が養われました。

加えて、これまでは料理の価格と仕入れ値で原価を計算していたところから、仕入れた食材の歩留まり（＊）やロスを計算に入れて考えるようになるなど、高解像度になったと思います。

店を運営するうえで、こうした視点、視野、解

＊ 食材の可食部が全体の何割程度になるかを表す言葉

像度って本当は料理と同じくらい重要なことなんです。数字が伴っていなければ、どんなにいい料理をつくってもそれは自己満足、アートの世界のお話です。飲食店という形を採る以上、そこには金銭の授受が発生しますし、お客さまやスタッフ、業者などの関係者、と少なからず他人を巻き込むことになるわけです。ビジネスなんです。だからこそ、お金に対して細かく、ロうるさくならないといけないんです。

店という形を採るなら、スタッフの暮らしを守らなくちゃいけないし、来てくれるお客さまを幸せにしなくちゃいけない。スタッフを給与面でないがしろにすることは、料理のクオリティの低下に直結するといっても過言ではありません。そしてこれはすなわち、お客さまの幸せを損なう行為でもあるのです。

そう考えると店を取り巻くお金について考えること、細かくチェックすること、そして売上げや利益を追求し、給与に反映すること、これらは理に適っていることだと思えませんか？

「なんで飲食店をやってるの？」

この問いの答えを果たすためには、その手段として、数字の追求が必要になるということに目を背けちゃいけないと思うんです。

そしてこうした姿勢は、オーナーやシェフに限らず、若いスタッフたち、店で働く全員にとって重要だと考えています。

たとえば、仕入れ管理を任されているスタッフ。仕入れについては、レストランではシェフも確認するのはもちろんですが、実務的なところは新人のスタッフに任せていることが多いと思います。それでいて、納品書を本当に細かく見ているスタッフってなかなかいません。でもここが要所だったりするんです。どんな食材をいくらで仕入れているのかということを毎日目にしていたら、食材ごとの相場やその変化に敏感になりますし、どんなタイミングにどんな食材でロスが生じているかも併せて見ていれば、仕入れの方法を工夫することで、原価を下げる手段を考えることができるかもしれません。そうした数字を見るクセ、思考グセを新人の頃から身につけておくと、シェフやオーナーから重宝がられるのはもちろん、自分の立場が上になった時に、非常に楽になります。

料理界でこれまで主流だった「清貧を善として数字を追求するのは卑しい」という見方から脱却し、数字に対してコミットメントを高めることの重要性を、少しでも理解してもらえたら嬉しいです。それがスタッフやお客さまの幸せにつながることだと、本気で信じています。

飲食店で売上げを伸ばすには

飲食業は、天井の見えているビジネスだといわれます。もっというと、飲食店で得られる収入には上限があります。業態や価格帯、物件、席数が決まったら、その上限額が見えてきます。これは飲食店の収入を単純化すると、

客数×客単価＝売上げ　となるためです。

客数というのは、一部の立ち飲み店を除き、店にある客席数以上、すなわち椅子の数以上にはなりませんし、客単価というのはお客さまがお店で支払う金額の総平均のことです。

より詳細に月商や年商を算出しようとすると、ここに営業日数などが加わることになるわけです。ランチとディナー、両方営業をしている店であれば、

（ランチの客数×ランチの客単価＋ディナーの客数×ディナーの客単価）×その月の営業日数＝その月の売上げ（＊）

というような算出方法になります。

「上限が決まっているといったって、客数か客単価を釣り上げれば、その分売上げは上積みできるのでは？」

そう考える人もいるかもしれません。

ただ、物件の面積という制約がある以上、客数の上限というのは、最初にある程度決まっているのです。極端な話、10坪のお店には、100人も200人も同時に収容して食事を提供するのは不可能であるということです。もちろん、100人とはいわないまでも、10人でちょうどよかった空間に、15人入れるように席間隔を狭めて席数を増やすといった施策は採れますが、こうすると贅沢感、高級感、ゆったり感、といった趣向は損なわれ、反比例で客単価の低減を招くことにつながります。

高級フランス料理店の客席と、街場のラーメン店の客席を見れば、客数と客単価のある程度の反比例の関係に気づかされるかと思います。

もちろん、客数の上限が物件の規模で決まるといっても、店が常に満席とは限りません。いくら席数が多くても、お客さまがその席に座っていなければ客数としてカウントされないわけです。上限は決まっていても、下限が決まらないのがこのビジネスの怖いところでもあります。

客数が下がると何が起きるか。まずは売上げを保持するために、営業日数を増やしたり、ランチ、ディナーと休みなく営業したりと労働力に負荷をかける施策にシフトしていくケースがほとんどです。

これはスタッフの疲弊を呼び、料理やサービスのクオリティを担保することが難しくなる危険性をもはらんでいます。そして、料理やサービ

* ランチ、ディナーの営業日数が同じ場合

スのクオリティ低下はお客さまの満足度低下を招く恐れもある。まさに負のスパイラルです。

では、実際にどういった施策で、普段の売上げを伸ばしていくのがよいのか。僕たちの取組みを少しご紹介したいと思います。

具体的なお話をすると、旗艦店である「sio」は、大体月々の売上げが1500万円〜1700万円で推移しています。でも、店を買い取る前の「Gris」時代の月商はここまではありませんでした。同じ場所、同じシェフ(といっても僕は今、店には立っていませんが)でありながら、売上げをぐんと伸ばせた。店舗の立地や面積はまったく同じですから、客席数はさほど増やせません。変わったのは、客単価と、客席稼働率です。

まず、客単価のほうからお話しします。

Gris時代は税・サービス料抜きで9品7000円のおまかせコース1本での営業でしたが、今は、税サ込みで10品1万2100円、1万5730円、1万6940円のコース3本を用意しています。この価格は、お客さまがメインディッシュのお肉に何をお選びになるかによって3段階で変わるという仕組みです。

コース価格を上げた背景には、もちろん原材料や物価の高騰などもありますが、スタッフたちへ還元したい、そしてそれによって料理やサービスの品質向上をめざしたという側面もあります。適正な価格を頂戴し、それをスタッフの給料へ反映することでモチベーションにしてもらい、技術を磨き、創意工夫を凝らす努力をしてもらって料理に反映する。結果として、お客さまに1万円以上でも満足していただける「体験価値」を提供している。そういう循環です。

料理の内容も食材の品質もいっさい変えずに、価格だけが上がっていたら、きっとお客さまは付いてきてくれなかったと思います。

もう1つが客席稼働率。先ほど、客数の上限が物件の規模で決まるといっても、常に店が満席とは限らないとお話ししましたが、何がなんでも常に満席の状態をつくる。僕はこの点に腐心しました。まず僕自身の知名度を上げ、sioのことや料理についてSNSや各メディアで発信し、知ってもらう努力をしました。それこそオープンたての頃は、自腹で自分の親や知り合いを呼んで席を埋めたこともあるくらい。本末転倒だけど(笑)。でもそれくらい、空席を許せなかったんです。少しでも空席ができると知ると、「お席ご用意できます」とSNSで発信。そうした小さい努力の積み重ねで、席を常にお客さまで埋めてもらうようにしていたんです。

飲食店の収支構造

標準的な飲食店の収支構造の指標

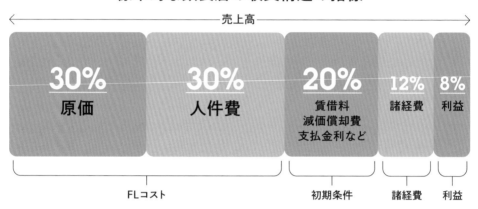

飲食店において標準的な利益を確保するための収支構造のモデル。売上げを100%とし、原価や家賃やその他諸経費などを差し引いた残り10%弱が利益。飲食店の中でも業態によってこの内訳はさまざまになるので、あくまで1つの指標と考えたい。

入ってくるものがあれば、当然出ていくものもあるのが経営です。飲食店でいえば、毎日の売上げが前者にあたり、食材原価やスタッフの給与、店の家賃や水道光熱費、通信費などが後者にあたります。もちろん、細かい雑費などもここに含まれてくるわけです。

入ってくる売上げから、こうした諸々の費用を差し引いて、残る額があれば黒字、マイナスとなってしまったら赤字ということになります。残った額は利益といって、これが儲けになりますが、一般的な飲食店だと10%も残ればよい

ほうだといわれています。

飲食店において出ていくお金の代表格が、食材原価（＝FOOD）と人件費（＝LABOR）、そして家賃（＝RENT）。この3つを合わせてFLRコストと呼びます。中でも原価と人件費の2つのコストを合わせたものを毎月変動する費用という意味合いから「変動費」といって、飲食店経営ではこれを60％以下に収めるべき、という定説があります。

60％というと、月々の売上げが500万円だとすると、300万円が食材原価やスタッフの給

与に充てられて消えていく、ということになります。

ここに物件家賃や支払い金利、減価償却費などといった固定費、さらに水道光熱費などのエネルギーコストや広告宣伝費、意外とかさばる消耗品のコストなど諸々が追加でのってきます。果たして10％である50万円の利益を残すことはできるでしょうか。

ちなみに、50万円の利益を毎月コンスタントに残せるとすると、1年間の総利益は600万円になります。これを高いと見るか、低いと見るかは人それぞれですが、店の修繕やリニューアル、機械の修理、新しい機器の導入など、何か物要りになった時に、意外とまとまった額が必要になる、というのが店舗経営の常です。そしてこれはあくまでも、既存店舗を運営していくために必要なお金。新規出店したり、ECサイトをつくったりという新たな挑戦をするとなれば、さらにある程度の額が必要になってくるでしょう。そうなると、少し心許ない額なんじゃないかと思えてきます。

もっといえば、実際に月々のキャッシュフロー（お金の流れ）を注視しているとわかるんですが、しっかり売上げが出ていても、労働基準法を遵守して、店休日もきちんと設け、福利厚生も充実させて、と真面目に頑張れば頑張るほど、このたった10％の利益を残すことがいかに大変か痛感します。真面目にやっているのに自転車操業になってしまう、このジレンマが飲食店経営にはつきものなんです。これは業界全体が抱えている喫緊の課題だと思うのですが、僕自身、正直なところオーナーシェフになるまでは気にしてきませんでした。実際のところ、シェフたちが集まってもこうした月々の売上げだったり利益だったりという収支の話題にはほとんど至りません。利益が出にくいという現状が、業界の常態と化してしまっているので、問題視している料理人がそもそも少ないんです。

そうした中で、僕は自分の店を持つ傍ら、店舗にとらわれない仕事も増えてきたことで他業種の方、他業態のオーナーの方と交流を持つ機会が増えました。特に居酒屋を複数展開するオーナーの方の話を聞くと、店舗にまつわる数字に対しての視座の高さや問題意識に驚かされます。そうした、自分とは異なるフィールドで活躍している方々の意見も聞くことで、見えてくる課題や論点もあるし、それに対してのアプローチのヒントも得られる。自分の店にこもって、ただひたすらに料理だけをやっていては、解決できないこともあるんだと思います。

給与への解像度を上げる仕組み

僕は、Jリーグの練習生、小学校の教員、という異色のキャリアを経て、31歳の時にほぼ未経験で料理の世界に飛び込んできました。30代というのは、体力勝負のこの業界においてはかなり遅めのキャリアスタートです。過去をふり返れば、30代を超えて、結婚もしていたけれど、お給料は17万円という時代もありました。給与が低いといっても、労働時間は尋常じゃないくらい長いわけです。眠すぎて、ストーブで自分の腕を焼いてその痛みで目を覚ますくらい（笑）。（これは真似しないで）。とにかくずっと働き通しでした。ただ、料理の世界では年齢よりもスキルが高い人が重用されます。当時は未経験の30代を厨房に入れてくれるだけでも、ありがたいことだったんです。

でも人に給料を支払う側になった今わかるのは、業界全体が人材不足だし、そんな待遇で働いてくれるスタッフは、普通はいないということ。少しでもいい待遇の店が出てくれば、そちらに移りたいと考えるのが自然だと思います。そんな中で、高い志を持って働いてくれるスタッフを確保するには、やっぱりそれなりの給与の額を提示する必要があるというのが持論です。

とはいえ、誰にも彼にも高い額を提示していては、人件費はかさむ一方ですし、人事評価制度もうまく機能しません。適正な給与を見極めることが何より大事なんだと思っています。

ただ、その適正な額を決めるのが何よりも難しい。この課題に対しての策として、僕たちの会社では希望者を対象に、「給与プレゼン制」を試験的に導入しています。働く人が、「自分はこれだけの働きをしているのだから、これぐらいの給与が欲しい」とわれわれ経営陣にプレゼンテーションするということです。これは、給与を支払う側と受け取る側、双方の「給与への解像度」を上げていこうという取組みです。

どういうことかというと、給与は自分の働きに対する対価であるはずです。プレゼンテーションという機会を設けることによって、支払う側も受け取る側も、提示額が働きに見合っているかどうかをきちんと精査する必要性に駆られます。年功序列だとか、経験者優遇とか、そうした外の誰かが決めた基準でなんとなく給与を考えるのではなく、実務と実績に照らし合わせることで、高い解像度で個々の給与を考える好機になると思うのです。

単に「25歳でスーシェフ。だから給与50万円」と捉えるのか、「25歳で仕入れ、在庫管理、営業中のオペレーション、スタッフの指導を任せることができて、調理技術に関してもあと一歩。

だからスーシェフに任命して、スタッフの中では一番高い給与である50万円を与えるのが妥当」と捉えるのか。この2つでは給与への解像度が大きく異なることがわかると思います。

つまり、プレゼンテーションの材料もこうした「25歳だからいくらください」「前にいた店ではスーシェフをしていて、そこでは50万円をもらっていたから50万円以上ください」といった内容では、受け入れにくいということです。

「自分はこれとこれができます。だから50万円をください」。「今年はこういった実績があります。加えて向こう半年で原価率を1%下げます。この取組みのインセンティブとして50万円をください」。スタッフには、こういう数字の根拠を積み重ねられるようなプレゼンを期待したいと考えています。もっといえば、そもそも毎日、毎週、毎月店の売上げを見ているわけですから、そのうちのどの程度が自分たちの給与に割けるだろうか、というところから考えることもできるはず。現実的かつ双方にとって納得のいく数字を探ることがこの給与プレゼン制の最終目的地です。

この制度を導入する前に、実際にスタッフから「前の職場では50万円をいただいていたので、もう少し上げてください」と交渉を受けた

ことがありました。ただ、僕からするとそのスタッフにはまだ不慣れな部分もあったし、それだけの大きな額を与えるには心許ないところがありました。そこで、「それだけの仕事ができているという自覚はある?」と尋ねると、「いや、それはまだまだですが」と歯切れの悪い答え。給与に見合う仕事ができている自覚がない人に、そんな大金を渡したいと思うオーナーは、なかなかいないんじゃないでしょうか。

でも、そこから僕自身は、スタッフ側も与えられた額を思考停止で受け入れるのではなく、希望額を伝えて、その根拠を示し、交渉をできる場がないとフェアじゃないよな、と思ってこのプレゼン制の導入を考えはじめたんです。

スタッフにとっては、給与交渉の余地が生まれるだけでなく、給与制度について勉強したり、目上の人相手に交渉をしたり、相手を説得するためのプレゼン資料を用意したりといった経験を積めるメリットもあります。そういう、クライアントワークに必要となってくる相手の気持ちや立場を踏まえた想像力や提案力、交渉力は、普通に仕事をしているだけでは養われない資質。これを培う機会を与えることも、今後の飲食店のオーナーとして、大切な役割の1つだと思っています。

どこで利益を出していく？ | その1 |

120ページで、飲食店経営では利益は売上げに対して10％程度出ればよいほうである、といいました。ただ、実際のところ利益が10％出ていたとしても、新たな投資に注ぎ込もうとすると心許ない額だし、もっといえば、そもそも10％すら残すことが難しい。そうした課題があるのが飲食店経営なんです。

ちなみに僕たちのグループでは、全店舗FLコスト（*1）は45〜70％の範囲内で、利益率20％前後で推移しています。この数字の背景には、集客に成功していて売上げがしっかり確保できているという前提もありますが、抑えるべきコストをきちんと抑えるという「当たり前を当たり前にやっている」事実もあります。

利益をしっかり確保しよう、となった時、まず着手すべきは抑えることのできるコストを探すこと。大抵は、まず原価と人件費という変動費の見直しを図ります。一般的に、「原価が低い＝お客さまにとってよくないこと」「人件費が低い＝スタッフにとってよくないこと」という見方をされることがあります。でも、当然ながら原価も人件費もかければかけるほどよいというものではありません。原価率がいくら高くても、お客さまが喜んでくださる料理になっていなければ意味がないし、充分な働きをしてくれ

ない人に対して人件費をたんまりとかけても、これは無駄な出費といわざるを得ません。

一口に変動費を見直すといっても、当然、無理に原価を下げてみたり、法外な賃金でスタッフを働かせたり、ということではありません。適正な原価率、適正な人件費になっているかを実際の営業と照らし合わせて冷静に見極めるということです。たとえば、イタリアンレストラン「o/sio」。オープンしたての頃は、お客さまをお待たせしてしまうことがないように、と客席数に対してスタッフの人数をかなり厚くしていました。でも、そんな中でネットに書かれていたのは「スタッフがたくさんいて、食事を監視されているみたいだった」という口コミ。

お客さまのためによかれと思ってしたことで、喜んでいただけていない。これって本質的じゃないよな、と反省して、1営業当たりのスタッフの人数を減らしました。もちろん、店がきちんと回るだけの人数を残したうえで、です。お客さまから見ても、明らかにスタッフの数が多すぎるという状況は往々にしてあることなんです。3人でオペレーションを回すことができる店舗に5人も6人もスタッフがいる、という状態は人件費の観点から見て明らかに無駄であるのと同時に、人材育成の観点から見ても、責任領域

＊1　原価と人件費を合わせたコストのこと
＊2　ソースや付合せに利用したり、煮込んで1品に仕立てたりするなど

が狭くなりやすいため、スタッフのスキルが育ちにくくなるデメリットがあるんです。

原価に関しても同様に、適正かどうか、という目盛りの細かい視点を持つことが重要です。

原価に関して見直せる部分があるとすれば「食材のロス」です。たとえば、1人あたり200gのステーキを提供する店で、1kg5000円の牛肉を仕入れたとします。これをそのまま5等分すれば200gになりますが、当然筋や脂などを掃除するわけです。掃除することによって1kgのお肉が900g、800gになってしまった、ということはザラです。この歩留まり率も勘案したうえで原価を考えなくてはいけないのです。でも、未だに飲食店では「1kg5000円の牛肉を仕入れたら、原価5000円で5人にステーキを提供できる」と考えてしまう人が多いんです。1kgで5000円なのか、800gで5000円なのかでは、だいぶ事情が変わります。これを踏まえれば、日々の肉の掃除、野菜や魚の下処理の仕方もさらにていねいに変わるでしょうし、掃除によって出た端材の二次利用（＊2）の方法を考えることも増えるでしょう。こうした小さいことの積み重ねで、原価は抑えられていくわけです。そして、これによって、同時に高い付加価値の創造も実現しなくてはい

けません。

最終的な目的は「お客さまに喜んでいただくこと」なんだから、ただ材料を安く仕入れればよいということではなくて、原価をかけなくてもお客さまに喜んでいただける方法を考えなくてはいけない。

それが僕の場合は「おいしさをつくるロジック」だったんです。僕たちは、食材の産地や鮮度にはうるさいし、高い品質の食材を仕入れる努力をしています。でも、やみくもに高級食材を使えばいいとは思っていません。なぜならそれは僕たちらしくないし、お客さまは僕たちの店にそれを求めていらっしゃるわけじゃないから。キャヴィアやトリュフを使わずに、いかにそれらを使った時以上の高揚感を表現できるか、そういったことを延々思案して生まれたのが「五味＋1」や「サウナ理論」といったロジックの数々なんです。

ただ単純に「原価を下げて利益を出すこと」だけを追求すると、お客さまの心は離れていってしまいます。もちろん、利益の追求は店を続けていくうえでは絶対に必要なこと。でも、原価を下げた分をいかにしてリカバーするかということを突き詰めて考えなければ、利益の追求も結局はうまくいかないと思うんです。

どこで利益を出していく？ │ その2 │

✔ 駅近立地
✔ 料理のクオリティ
✔ 映える内外装

✔ 予約がスムーズ
✔ 良心的な価格
✔ 接客のよさ

飲食店経営において、売上げのうち10％残ればよいほうであるといわれる利益の部分をいかにして伸ばしていくか、まずは変動費などのコスト圧縮から着手するべき、とお話ししました。しかしながら、原価も人件費も、いくらでも削れるというものではありません。適正値を越えて圧縮してしまえば、当然どこかにほころびが発生します。もちろん、削れる無駄は削るべきですが、低ければ低いほどよいというものではない。そうなると、コスト圧縮という観点から捻出できる利益もそう大きくないことに気づかされると思います。

そこで僕の場合は、売上げを伸ばしていく方向性を次に模索していきます。売上げの伸ばし方というのは、実はやり方がいろいろあります。僕はまず、その店のストロングポイントを精査するようにしています。すなわち、お客さまがどこを見てその店を選んでくれているのかを見極めるわけです。

たとえば、旗艦店である東京・代々木上原の「sio」のストロングポイントは、「この値段、この雰囲気でこの料理が食べられる」という点です。ガストロノミックでハイコンテクストな料理だけど、店の雰囲気はカジュアルでストリート感がある。かつ都内のミシュランガイドの星付き店にしては比較的低価格で食事を楽し

んでいただける。この点を評価していただいていると思うのです。

僕たちのように、複数の業態や店舗を抱えるようになってくると、こうした店ごとのストロングポイントに向く意識がだんだんと薄れ、各店舗のいいとこ取りをしようとして、特徴が徐々に混ざり合い、個性が薄れていく場合があるんです。こうなってくると、ストロングポイントがストロングポイントではなくなってくる。この点に気をつけるようにしています。店ごとの立ち位置をきちんと見極めて、このストロングポイントを伸ばしていくように努めます。

sio だったら、なるべく基本の価格は上げずに、料理の創作性を高める努力を怠らない、というようなことです。

ちなみに、このストロングポイントはどこを見ればわかるかというと、一番重要なのはお客さまの声です。お店に来てくれたお客さまの声を聞き、帰り際お見送りする際に、どこがよかった、ここが素敵でした、という感想をお聞きする。あるいは、SNS などで自分の店の感想をエゴサーチする。こうしたお客さまの忌憚ない意見から、自分たちの店の対外的な魅力というものが見えてきます。

加えて、自分たちにも分析的な視点が必要です。

マーケットにおける自分の店の立ち位置というものを客観的に見るようにするんです。たとえば、自分の店と似たような価格帯の店が近所に何軒かあるとしたら、そことの違いは何なのか。料理のクオリティなのか、メニューのバリエーションなのか、接客なのか。その差別化ポイントを冷静に見極めるわけです。この差別化ポイントを強みと捉え、これを磨いていけばいいわけです。こういったマーケットにおける座標は、売上げや利益を伸ばすという目的に限らず、常に意識するようにしています。

利益をしっかりと確保するために、無駄なコストは削り、ストロングポイントを引き伸ばす。店舗における取組みとしては、この2点がとても重要だと感じています。ただ、それで充分かというと、そうともいい切れないのも事実です。店舗の売上げだけで、スタッフ全員の充分な給与を出し、料理のクオリティを担保するだけの原価をかけ、10％以上の利益を出し続け、それでいてしっかりとスタッフに休みを取ってもらう。これが簡単にできるなら、飲食業を志す人材はもっとたくさんいたはずです。だからこそ、僕らは店舗での営業以外に収益を確保する方法に考えをシフトしています。その実例を、次のページからご紹介していきます。

どこで利益を出していく? | その3 |

飲食店経営において、着実に利益を出すために、店舗の中でできることは限られています。前段まででお話ししたように、まずは変動費の圧縮、ストロングポイントの強化という2軸で、コストを圧縮しつつ、売上げを伸ばす工夫をします。でも、そこに上乗せできるものがあれば、当然していきたいものです。僕が活路を見出しているのは、シェフ自身がブランドとなって活動することです。低価格が売りのチェーンの居酒屋ですら、かなり高いクオリティの料理を提供する現代において、自分の店が頭一つ抜きん出るには、シェフの個性を突出させるのが得策だという考え方です。なぜなら、シェフのパーソナリティで勝負できる店や会社が、他にないからです。日本に何万軒も飲食店がある中で、シェフの個性で仕事ができる店が何店あるでしょうか。このレッドオーシャンの中で、唯一といっていいほどのライバル不在の領域なんです。

僕の場合は最初からそれを意図していたわけじゃないけれど、「sio」という店名と一緒に、あるいは単独でも、「鳥羽シェフ」という僕の名前をたくさんの方に知ってもらっています。

こうなると、たとえば食品メーカーなど企業とのコラボレーション、また他の飲食店のコンサルティングなどの仕事が増えていきます。「鳥羽シェフプロデュース」といえることが、その企業、店にとってメリットと思ってもらえる。ブランドになるというのはそういうことです。

加えて、YouTube や SNS での発信などに興味を持ってくださる方が増えて、フォロワー数やチャンネル登録者数が増えていく。これも、あらゆる形で収益化につながっていきます。

もう1つ、リスクヘッジという意味合いでも機能します。というのも、シェフがブランド化することは、シェフが持つ「技術や表現力の搾取」を避けるために有効な手立ての1つだと考えているのです。というのも、食品メーカーにせよ他の飲食店にせよ、いち料理人が対外的な仕事を依頼される時、クライアントはその料理人の技術だけが欲しいというケースがほとんどです。料理人は店舗の外でのビジネスのハウツーを知らない、ということが多いため、言葉を選ばずにいえば、クライアントから安く買い叩かれてしまうようなこともあるのです。ビジネスとしてその仕事を成立させるほどの金額交渉ができないままに、技術だけが搾取されてしまう。そうした事態を、僕は何度も目にしてきました。

でも、シェフにブランド力があれば、「ぜひ鳥羽シェフにお願いしたい仕事なんです」「鳥羽

シェフじゃないとだめなんです」という依頼が必ず来ます。そうした時にようやく、対等に、適正なギャランティ交渉ができるわけです。

僕たちがこうしたクライアントワークにおいて、ギャランティ交渉をする際は、もちろん適正と思われる範囲内で、でもできる限り譲歩しない金額を示すようにしています。会社としての利益を確保するという視点ももちろん多少はありますが、これは業界への影響を考えてのこと。僕らがあまりに安価な額で仕事を引き受けてしまうと、それが業界水準と思われてしまい、他のシェフに依頼をする際に「鳥羽シェフはこの額で引き受けてくれましたよ」と低い額を提示され、搾取されかねません。これでは元の木阿弥になってしまいますよね。料理界全体を考えた時に、僕はこの悪しき風習はここで終わりにしていくべきだと考えているのです。

シェフがブランドになるには、いろんなやり方があると思いますが、まずは店のストロングポイントを伸ばし、売上げを伸ばすことが一番重要です。売上げをしっかりと担保したうえで、たとえばSNSであったり、雑誌やテレビ番組での発信であったり、一貫性を持って外に向けて発信・発言していくことで徐々にそのブランドが肉付けされていくものだと思います。

そしてある程度店の売上げや知名度が上がってくると、メディアの取材というのが舞い込んできます。僕は、メディアへの露出そのものについては比較的ポジティブに捉えています。

ただ、自分が伝えたいことや、その順序が守られるのかどうかというところは気にしています。メディアに出たことによって、自分の思いが大衆に曲がって伝わってしまうというのでは、その露出はリスクしかありませんから。

ここでも手段と目的の明確化が重要だと思っていて、特定のメディアに取り上げてもらうことが目的なのか、それとも、特定のメディアに出たことによって、成し遂げたい何かがあるのか。それを突き詰めて考えるべきだと思っています。僕はメディアへの露出はポジティブに考えているけれど、それは目的ではありません。露出したことによって、料理業界や、あるいは自分の店を知らない人に、メッセージを伝えられる機会が生まれる。そのための1つの手段であると考えています。こうした姿勢が、そのメディアでも他の出演者との差別化につながって、これがブランドになっていくと考えています。

次ページからは、僕自身がブランド化したことによって、どんな対外的な仕事が生まれたか、その内容や経緯をお話ししていきます。

シェフのブランド化が生む仕事 │ その1 │

シェフがブランド化することによって、料理人という職業でできる仕事がグッと増えます。とはいえ、ただ店にいて料理だけをしていても、外から仕事は簡単には舞い込んできません。オンラインでの発信は重要ですが、当然ながら、リアルでの交流もとても大切です。

僕が、初めて店の料理以外で外から仕事の依頼を受けたのは雇われシェフをしていた頃のこと。スポーツ選手向けの会合で、ケータリングをシェフの友人と一緒に頼まれました。その会合にいらしていたさまざまな企業の方と知り合い、人脈ができたんです。そこで、BASE FOOD（＊）の創業者である橋本さんと出会い、BASE FOOD の商品を使ったレシピ監修の仕事をお引き受けしたのが最初でしたね。この仕事や、その会合での出会いをきっかけに、メニュー監修や商品開発などの仕事の依頼をいただく機会が増えていきました。

対外的な仕事の依頼を受ける時は、名指しでご依頼いただくケースと、いただいたご依頼を広げる（たとえば、スポットでのご依頼を長期化するような）ご提案をするケース、われわれが「この企業のこの商品とこういうコラボができそうだ」と企業側へ出向いてプレゼンをするケースがあります。

対外的な仕事は挙げればキリがありませんが、大きく、飲食店のプロデュースやコラボレーションと、コンビニエンスストアや食品メーカーとのコラボの 2 つに分けられます。

まず、飲食店とのコラボについて、過去の実績をもとにお話ししていきます。たとえば 2022 年 11 月に販売開始し、トータル 70 万食の売上げを記録したガストさんとの共同開発メニュー「感動ハンバーグ」。

こちらはガストさんから、「コラボをしたい、ハンバーグで目玉となるような商品をつくりたい」とお声がけいただきました。

正直僕は、元来のファミレス好き。好きすぎるので、「いつかファミレスをつくる」という目標をずっと公言してきました。そして、日本を代表するファミレスチェーンであるガストさんからお声がけをいただいた時は、もう本当に嬉しかったんです。ちなみに、ガストの店舗数はおよそ 1300 店で、全国第 1 位。その中でも、皆さんご存知の通り、ハンバーグはもともと看板メニューです。だから、日本で一番多くの人に食べられ、愛されているメニューです。自分がそこにコミットするということは、僕たちのモットーである「幸せの分母を増やす」ことに他ならない。自分が料理をする一番の目的を、

＊ 1食に必要な栄養素がすべて摂れるパンや麺などの商品（「BASE FOOD®」）を
開発・販売する食品メーカー。代表取締役は橋本 舜氏

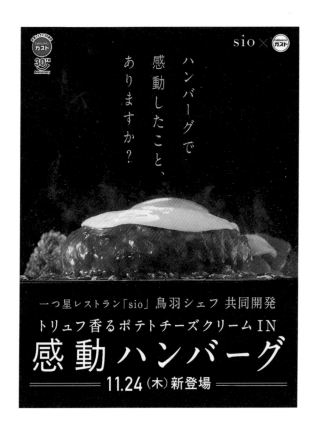

このコラボで叶えられるんです。だからこそ、喜びもひとしおです。

開発には約1年間かかりました。ソースやハンバーグのベースの味は比較的すぐに決められたんですが、これを全国1300店で同じように調理し、提供するという実装面が難しかった。

たとえば、ハンバーグの厚み。肉厚でボリューミーな仕上がりをめざしたのですが、厚みが増えれば増えるほど、中心まで火を通すのに時間がかかってしまいます。しかも、ガストではハンバーグはベルトコンベア式に半自動的に加熱調理が施されるため、調理時間が一定なんです。調理時間は変えられない、でも肉の厚みは諦めたくない。その狭間で揺れて、思いついたのが、ハンバーグの中にポテトクリームとトリュフ、チーズを合わせて包み込むことです。これなら

火を通すのに時間はかからないし、厚みも出せる。それでいて風味が豊かになり、付加価値も出せます。ガストの人気メニュー「チーズ IN ハンバーグ」のノウハウを活かした形です。

また、ソースの量、ハンバーグの提供温度、スープの提供温度といったところにも、僕なりに一家言があったのですが、テスト段階ではこの部分の再現がなかなか難しく、店舗によってばらつきが見られました。でも、これらをガストさん側に定量化してもらったうえで、僕たちもあらゆる店舗に足を運んで、現場のスタッフの方々に熱く訴えました。「僕たちはこういう思いでこのメニューを開発しました。絶対に食べた人を感動させたいと思っています。それには皆さんのご協力がなくてはなりません。一緒に感動させましょう！」と言葉で伝え、理解してもらい、クリアしていけたのです。

もう１つ、代表的なコラボレーションが 2021 年 11 月に販売開始したスシローさんとの共同開発商品「すき焼き海鮮しゃり弁」です（＊）。これはその名の通り、すき焼きのお肉と海鮮、酢飯が合わさった、テイクアウト専用のちらし寿司です。テイクアウト商品に関しては、日本中がコロナ禍に沈んだ 2020 年の４月に、自社のテイクアウト商品の開発・販売を通して１つの最適解を見つけていました。

その最適解というのは、まずテイクアウトでは、食べるタイミングがお客さまに完全に依拠するという特徴があるため、「冷めてもおいしい」

＊現在は販売終了

ということが非常に重要で、これをクリアする
には、「油っぽくないこと」と「甘じょっぱい
味つけ」が肝になるということです。

この解をベースに、年始には「sio」で甘めの
酢飯にすき焼きやイクラ、ウニなどを贅沢にあ
しらった「おせちらし重」というお節メニュー
を販売したことがありました。このメニューは
とてもご好評いただいて、これをアレンジした
メニューを奈良で展開する「㐂つね」でも「す
き焼きちらし重」として提供しています。

そして、このアイデアをベースに、スシローさ
んの自慢のしゃりをはじめイクラやサーモン、
ホタテ、エビといった豪華な海鮮にわれわれオ
リジナルのすき焼きを合わせた、すき焼き海鮮
しゃり弁が完成したのです。

日常的に料理を「考え」て、ロジック化したり、
言語化したりしていたことで、企業とのコラボ
レーションにおいても、納得のできる商品を生
み出すことができたと実感しています。僕がた
だ店にこもって料理を「つくる」ことだけに終
始していたら、きっと「テイクアウト商品に必
要なのは、油っぽくないことと、甘じょっぱい
味つけ」という法則は見つけられていなかった
でしょうし、ましてやそれがすき焼き海鮮しゃ
り弁を生むというところまで辿り着くこともな

かったでしょう。

もちろん、僕たちのような料理人とこうした外
食企業とでは、仕事の仕方も内容も大きく異な
ります。当然、目の前にいるお客さまにとって
おいしさを届ける仕事と、何千何万もの人に
とっておいしさを届ける仕事には、違った苦労
があるものです。たくさんの人に届けるために、
物流や衛生管理の面から、料理人が死守したい
「クオリティの追求」をどこかで諦めなくては
いけない時もあります。でも、自分が出会うこ
とができないほどの数多くの人たちに、安全に
おいしさを届けることって、実は目の前にいる
人に最上級のおいしさを届けることと同じくら
い、尊いことなんじゃないでしょうか。僕らの
ような街場のレストランと、ガストさん、スシ
ローさんのような外食チェーンとの違いって、
そこの「何千何万もの人に、安全においしさを
届ける」ことのノウハウにあります。だから、
どっちが上でどっちが下とか、どっちがおいし
くてどっちがおいしくないとか、そういうもの
さしでは測れない。「お客さまをどうにかして
喜ばせたい」というその気持ちは、皆一緒なん
じゃないかな。これらの仕事で、そのことに気
づかせてもらえました。

シェフのブランド化が生む仕事 | その2 |

対外的な仕事について、外食企業とのコラボレーションの事例をご紹介いたしました。次に、もう1つのクライアントワークの柱である、コンビニエンスストアとの商品開発についてお話ししていきます。

まず、約140万個の売上げを記録した「ローソン」さんとの共同開発商品「sio アイス」。これは、ローソンさんからコラボで3種類のアイスクリーム商品をつくりたい、とお声がけをいただき、2022年5月に発売に至ったものです。開発には1年近くの期間を費やしました。3種類の内訳は「なめらかチーズワッフルコーン」、「白桃ジェラートバー」、「ティラミスアイス」。ワッフルコーンタイプ、アイスバータイプ、サンドタイプと趣向を変えながら、ミルク、モモ、ティラミスという、誰もが好きな要素をそれぞれ入れ込み、シンプルに仕上げました。

このローソンさんとのコラボで一番苦労した点が、自分が理想とする味の再現です。まず、全国1万4000店を越える店舗で販売されるにあたり、開発にはかなり多くの制約がありました。それはやはり不特定多数の人に食べてもらうことになるという特性に基づく、安全性を担保するための制約です。もちろん物流の問題や原価の問題なども付随します。

街場のレストランや製菓店で白桃をジェラートにして提供しようと思ったら、選りすぐりの産地から、これまた選りすぐりの生産者を指名して、こだわりにこだわってつくればいい。正直、素材を無制限に選べるのなら、おいしいものをつくるのってそこまで難しくないんです。でも、ローソンさんに「どこ産の誰々がつくっている、採れたてのモモだけを使ってください！」といってみたって、いろんな問題で無理なんです。大規模なスケールで調達できる素材で、買ってくれた人の期待を越える商品をつくるしかないんです。

でも、僕たちは普段、店ではまったく違うことをしているんですよね。だから、何より腐心したのは使える素材や、生産工程などの制約を乗り越えながらも、自分が理想とする味をつくるというところでした。

これは全国1万4000店ものコンビニに並ぶ商品で、僕たちの店名や僕の名前と一緒に売られる。つまり、sio でどんな料理をつくっていようと、その料理を食べたことのない人にとってはこのアイスが僕たちの味の体現ということになる。つまり、代名詞的な存在になるのです。だから、数ある制限と、クオリティの担保をどう折り合いつけるか、ということで約1年間、

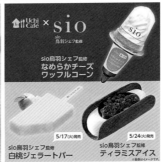

試作と試食を重ねながら、ローソンさんと一緒に悩み抜いたわけです。最終的には、僕たちが納得でき、ローソンさん側もいろんな問題をクリアした商品をリリースすることができ、トータル約140万個というインパクトのある売上げを叩き出すことができました。

これは商品開発と同時に、マーケティングについてもいろいろと施策がありました。

実は、この3種類のアイス、すべて「買ってから何分後に食べてくださいね」とSNS上で喫食時間を指定して発信しているんです。なめら

かチーズワッフルコーンは5〜6分、白桃ジェラートバーは3〜4分、ティラミスアイスは8分待って食べてください、という具合に。

これには2つの面でのメリットがあります。1つは、SNS発信の促進です。何も指定なく食べれば「ふーんおいしいじゃん」とか「好みじゃないな」とか「こんな感じか」と、まあ抱かれる感想はおそらくその程度です。でも、時間指定をされると途端に「5分待ったからここがこんな風においしかった」「3分待って食べたからこうでした」という感想が生まれる。こ

れが SNS 上でのコミュニケーションにつなげるフックになるのです。

もう１つは、こちらから食べる時間を指定し、コントロールすることで、よりおいしい状態で食べてもらえること。コンビニの食べものって、やっぱりいつ誰がどんなシーンでどういうふうに食べるかなんて、売り手側はわからないし、コントロールもできない。だからこそ商品開発が難しいわけですが、そこに時間指定というアクションを挟むことで、コンビニのアイス販売を、実店舗での料理提供という行為に少しだけ近づけたんですね。タイミングをコントロールすることで、よりおいしく味わっていただきた

かったわけです。

同じくコンビニエンスストアの「ミニストップ」さん。ミニストップさんは僕が大学生の時の初めてのバイト先だったんです（笑）。それはさておき、ミニストップさんとつくったのは、タレが主役の「豚生姜焼き弁当」や「チャーシュー弁当」、「甘酢どり弁当」といった、その名も「タレ弁」シリーズ。タレが主役の弁当、というのは他に類例がありませんし、それをタイトルにでかでかと謳ってしまうのもキャッチーでしょう（＊）。

この商品も半年ほどかけて試作と試食を重ねな

* 現在は販売終了

がらブラッシュアップしていきました。僕がこの商品において一番こだわったのは、いわずもがな、タレの味です。

そもそも、コンビニ弁当で、タレを主役にしようと思い立った理由は、500円前後で売られる商品に対して、「原価をかけて素材で勝負する」という戦法は採れないと思ったからです。無制限に素材を選べるのであれば、それはただその素材のよさを活かす、「調理」さえすればいい。もちろん、これにもテクニックは必要です。でも、原価に制限がある中で入手した素材をよりおいしくするのも、料理人にとってなくてはならない技術です。こうした素材をおいしくするには、「調味」が肝になってきます。僕は、調理と調味をそんなふうに分けて考えています。コンビニ弁当という数多の制約があるフィールドにおいては、後者の調味の技術で、おいしさをつくっていくしかない。そう思ったのです。そこで「調味＝タレ」というわけです。ミニストップの商品開発チームの方々に、最初に出してもらった試作のタレの味は、塩味が強く立っていてその後に甘味をほのかに感じる「しょっぱ甘い」ものでした。おいしいんだけど、塩味の主張が強くて、甘味とのバランスがよくない。これをなんとか甘味優位の「甘じょっ

ぱい」に持っていく必要があるな、と思いました。また、このタレは生姜焼き弁当にかけるものだったんですが、ベースの生姜焼きの味もインパクトが強くて、後がけのタレの印象が自然と弱まってしまう。この2点をお伝えして、ベースの肉の味を当初よりも薄めにし、タレはリンゴとハチミツをたっぷり入れて甘味を際立たせるという方向性で調整していきました。さらに、タレがよくからむように肉の厚みを5.5mmから4mmに変更して、タレの容量を10gから20gへ倍増。とことん「タレ」弁であることにこだわっていったのです。リンゴによって甘味とほのかな酸味が加わったタレが肉によくからみ、いくらでもイケちゃう味に仕上がりました。

こういった僕のこだわりを理解し、何度も試作を重ねて最終的に「旨い！」とうなってしまう弁当をつくってくれたミニストップさんには、本当に感謝とリスペクトしかありません。

企業案件というのは、こんな風にいろんな制限や制約がある中で、おいしさをつくっていく仕事なのだと理解しています。この領域には僕ら料理人だからこそできることもあるし、逆に勉強させてもらうこともたくさんある。実益以上の収穫が、こうした仕事から得られるのです。

おわりに

僕は、子供の頃からずっとサッカーをやってきました。

サッカーが好きで、大好きで、体育大学に進んだ後も、サッカーを仕事にしようと思って、毎日練習に明け暮れて、プロの入団試験を受け続けていたんです。

大学を卒業してからしばらくして、Jリーグの練習生にはなれたのですが、なかなか芽が出ないままだった。

そんな状況が続いて、大学で教員免許を取っていたこともあり、24歳の頃に小学校の教員になったんです。プロサッカー選手になるための挑戦を続けながらも小学校で働き続けて、でもずっと鬱屈した気持ちがどこかにあった。

教員として働いていても、まだサッカーへの未練は断ち切れない。テレビでサッカー中継を見ながら、「俺のほうが全然うまいじゃん」と野次を飛ばす。そういって、僕は毎日サッカー以外の仕事に行く。そんな自分のダサさに、本当は自分が一番気づいていたんです。

自分はサッカーを諦めた人間として、このまま一生「観る」だけの人生なのかな。いや、「プレーする側」に回りたい。この状況を変えたい、変えないと。そんなふうに思いました。

それで31歳でサッカーも学校も辞めて、料理の道に飛び込んだんです。
僕のYoutubeチャンネルにも時折出演してくれていますが、僕の父親はもともと料理人をやっていました。そんな父親のことをとても尊敬していたし、僕自身も料理をすることもあって、結構自信もあったんです。加えて、僕は家具とか音楽とか洋服とか、おしゃれな飲食店に欠かせないそういったものが大好きだったので、急に頭の中に「格好いい音楽が流れるカフェで、北欧家具に囲まれて料理をする自分」のビジョンが目に浮かんだんです。「これじゃん！」と。

小学校を退職した翌日から代官山のカフェで働きはじめて、その後はハンバーガー屋、そしてパスタが売りのイタリアンレストラン、フランス料理店という流れで修業を積んでいきました。今は、僕が料理界で、観客じゃなくていちプレイヤーとして走り回っていることを、疑う人はいません。

僕は料理人としてシェフになれたし、ミシュランガイドの星という評価も得ることがで

きたけど、じゃあプロのサッカー選手になれなかったのは自分の素質や努力が足りなかったからなのか、というと決してそうじゃないと思っています。
素質もセンスもあったと思うし、努力もすごくしていた。だけど、努力の方向性に問題があったのかもしれないと思いました。

どれだけ具体的にゴールが描けるのか。ビジョンが描けるのか。それによって、今するべき努力の内容は変わります。がむしゃらに、ひたむきに、闇雲に、ただただ頑張り続けることが、必ずしもいい結果を生むわけじゃない。僕は死ぬほどサッカー選手になりたかったけど、どのチームでどんな選手としてプレーしたいのか、というゴール地点やそこまでの道筋が描けていなかった。

ゴールを明確に見据えて、そこまでの距離を測って、辿り着くために何をすべきか考えて走る。それが必要だったんだと思います。
僕は、料理人になると決めた時、ビジョンがかなり明確に、具体的に描けた。だから、どこで働こうかとか、何を学べばいいかとか、必然的に手段が見えたんです。
まあ結果として、今は北欧家具に囲まれたカフェで働いてはいませんが（笑）。
料理も同じです。ただ肉じゃがをつくろう、と考えてつくりはじめるのと、牛肉を使って、

甘めの肉じゃがをつくろう、と考えてつくりはじめるのとでは、その途中の素材選びや味つけ、加熱調理の仕方が変わるし、当然でき上がりの味も合わってくるはず。

料理をしていると、いや、料理に限らずどんな仕事もそうなんですけど、ゴール設定の明確化がいかに大事か、実感します。

僕らは今、「幸せの分母を増やす」ことをゴール設定として掲げています。
そのために、僕たちは料理をつくり、食べるという行為で多くの人に幸せを分配していると思っているし、そうしなくちゃいけないと思っている。
でも、「どんな犠牲を払ってでも、お客さまだけが喜んでくれればいい」ということじゃなくて、自分たちの売上げを伸ばそうとか、利益を確保しようとか、スタッフの給与を引き上げようとか、そういったことも同時にやっているんです。

それは、人を幸せにするには、自分も幸せでいなきゃいけないからです。
自分が幸せじゃないのに、人を幸せにするというのは、夢物語になってしまいます。
正直、最終的な目的地までは、まだまだ道は長いと思っています。
でも、実現に向けて「おいしい」という手段を武器に、僕たちは毎日前に進んでいます。

時代は移り変わっていくけど、料理の可能性って、絶対になくなりません。料理でできること、おいしいでできることって、本当にたくさんあるんです。
それはレストランも、料亭も、居酒屋も、牛丼屋も、ラーメン屋も、全部同じ。
そこに上も下も、高いも低いもない。

僕はそのことを、自分の店の外に出て、初めて思い知りました。

料理の可能性は無限大。だからこそ、料理人は自分の店の外に出ても、できることがたくさんあります。でも、店の外で何かをやるにはそれなりに学ばなければいけないこともたくさんあるんですよね。

この本が、その学びの一助になっていたら嬉しいです。

この本を読んでくれた皆さん、
僕たちと一緒に、世の中を「おいしい」で幸せにしていきましょう。

鳥羽周作

sio

東京都渋谷区上原 1-35-3
☎03-6804-7607　水曜定休、不定休

o/sio

東京都千代田区丸の内 2-6-1 丸の内ブリックスクエア B1
☎03-3217-4001　年末年始休

Hotel's

東京都港区北青山 3-4-3 ののあおやま 2F
☎03-6804-5699　無休

純洋食とスイーツ パーラー大箸

東京都渋谷区道玄坂 1-2-3 東急プラザ渋谷 6F
☎ 03-5422-3542　不定休

ザ・ニューワールド

大阪府大阪市中央区心斎橋筋 1-8-3 心斎橋 PARCO北館 B2
☎ 06-6786-8292　定休日は施設に準じる

㐂つね

奈良県奈良市元林院町 22 鹿猿狐ビルヂング 1F
☎ 0742-27-5023　水曜定休

おいしいパスタ

福岡県福岡市中央区天神 1-10-20 天神イナチカ B2
☎ 092-406-3100　不定休

o/sio FUKUOKA

福岡県福岡市中央区天神 1-10-20 天神イナチカ B2
☎ 092-406-6100　不定休

鳥羽周作 とばしゅうさく

sio株式会社／シズる株式会社 代表取締役
Jリーグの練習生、小学校の教員を経て、31歳で料理の世界へ。
2018年「sio」をオープンし、ミシュランガイド東京 2020より4年
連続一つ星を獲得。現在「sio」の他「Hotel's」「o/sio」「o/sio
FUKUOKA」「純洋食とスイーツ パーラー大箸」「㐂つね」「ザ・
ニューワールド」「おいしいパスタ」の8店舗を展開する。書籍、
YouTube、SNSなどで公開するレシピや、フードプロデュースなど、
レストランの枠を超えてさまざまな手段で「おいしい」を届けている。
モットーは「幸せの分母を増やす」。

すべての飲食人が知っておきたい

おいしいをつくる思考法

a way of thinking that creates deliciousness

初版印刷　2023年5月25日
初版発行　2023年6月10日

著者Ⓒ　鳥羽周作
発行者　丸山兼一
発行所　株式会社 柴田書店
　　　　〒113-8477
　　　　東京都文京区湯島 3-26-9 イヤサカビル
　　　　営業部　03-5816-8282（注文・問合せ）
　　　　書籍編集部　03-5816-8260
　　　　https://www.shibatashoten.co.jp

印刷・製本　図書印刷株式会社

ISBN 978-4-388-06364-2
ⒸShusaku Toba 2023　Printed in Japan